ビギナーズ 日本の思想

新訳 弓と禅

付・「武士道的な弓道」講演録

オイゲン・ヘリゲル
魚住孝至＝訳・解説

はじめに――新訳にあたって

本書は、オイゲン・ヘリゲル著『弓と禅』（原題『弓道における禅』、一九四八年）と、その元になった講演「武士道的な弓道」（一九三六年）を一冊とした新訳である。

『弓と禅』は、ドイツ人の哲学者が、日本に来て数年間、全身全霊で射る中で無心を体験することに弓道の奥義があると唱えた師について弓道を学ぶ中で、身体遣いが変わり、精神集中を強め、技を深め、ついに無心の射を経験するまでの過程を整理して著した書である。本書では意識を超えた無心の行為を「禅」と表現しており、弓道のみならず、華道や墨絵などの芸道でも奥義は無心となることだと語るとともに、禅の世界を展望するものとなっている。欧米では、弓道の書というよりも、禅の何たるかを描いた書としてよく読まれている。

日本では、本書は『弓と禅』（稲富栄次郎・上田武訳、協同出版、一九五六年／のち福村出版）として訳され、一九八一年に改訂版が出されて、現在でも版を重ねている。また元になった講演は『日本の弓術』（柴田治三郎訳、岩波文庫、一九四一年）として戦前から訳されて文庫本になったので、広く読まれ、一九八二年の改訳版が今も読まれている。講演は短いが、著者がドイツに帰国して六年半後のもので、一人で弓の稽古を続けて自ら歩みを進め、日本で学んだことを反芻して弓道体験を初めて簡明にまとめたものなので、『弓と禅』の理解のためにも合わせてみる必要がある。

けれども両書とも初訳から六十年以上経ち、改訳版からも三十年以上になる。この間にヘリゲルの遺稿や彼の弓道の師の阿波研造《あわけんぞう》の遺稿が出版され、研究によって明らかになってきた事柄も多い。

原文は、少し古いアカデミックな修辞法のドイツ語である。長い副文が多く付き、仮定の場合を示す接続法を多用する文章で、校閲してもらったドイツ人が「かなり難しい」と言うほどで、難解な箇所もあったが、原文に忠実に訳すように心掛け、長い文章は区切って、出来るだけ分かりやすい日本語に訳すようにした。

講演は三章に、『弓と禅』は十一章に分かれているだけだが、理解を容易にするため、本書では改行を増やして、内容のまとまりごとに小見出しを付けた。各章題や小見出しを追うだけで論の展開を摑むことが出来ると思われるし、二つの書で対応する箇所を見ることも容易なはずである。

本書は弓道の修行体験が核になっているので、弓道の技法に関して解説を加え、師の阿波研造の遺稿や通訳者の手記、同じ門人の言葉などを訳注や解説で紹介した。さらに阿波の日本弓道史における位置なども解説した。

さらに『弓と禅』では十分に展開されていない禅の思想や西洋思想との比較に関しては、ヘリゲルの遺稿『禅の道』（一九五八年）によって簡単に紹介し、その思想的意義に関しても解説で触れた。ヘリゲルは、禅も含めて神秘主義的な思想の真髄は、修行によって身心を変容させ、自ら経験しなければ分かり得ないとし、言葉によるのとは違った実存のあり様を彷彿させようとしている。『弓と禅』は、日本の道や修行法が世界の思想において果たすべき役割を示し、将来的な意味を秘めていると思われる。

『弓と禅』を理解するためにも、最初に講演、とくにそのⅡ（本書二〇ページ）を読むことをお勧めする。ここに簡潔に書かれた体験が『弓と禅』の中核であることに心して、分かりにくい所は相互に補って注意して読んでいただけると、理解が深まると思う。『弓と禅』はすでに世界的に有名な書であるが、この新訳によって、その現代的意味、また将来的な意味を考えるよすがとなれば、幸いである。

訳者

目次

講演　武士道的な弓道——一九三六年二月二五日　ベルリン独日協会にて
（エアランゲン大学図書館蔵　タイプ原稿）

1. 講演 “Die Ritterliche Kunst des Bogenschiessens” の全訳である。
2. 原文にはⅠ、Ⅱ、Ⅲの章分けと段落分けがあるだけだが、内容を示す小見出しを訳者が付した。
3. 訳者による補足は〔 〕で示した。意味上のまとまりを考慮して適宜改行し、会話文も、基本的に改行した。
4. 原文の逐語訳を原則とするが、日本語の慣例を考慮し、師に対しては敬語や丁寧な表現を使い、弓道用語がある場合には、置き換えて訳した。
5. 注は本文の理解に最低限必要なものに限って付し、より詳しい説明は『弓と禅』の相当箇所の注に記載した。

I

弓道について

「武士道的な弓道」[1]というと、弓を一種のスポーツと解し、道をスポーツの能力と解するのが、まず手近なところでしょうか。あるいは日本の弓道家の驚くべき業績について、何か聞くことを期待するかも知れません。彼らは、弓と矢の使用に関して、何世紀もの間、真剣に絶え間なく続いてきた伝統に頼ることができるという有利な点を持っています。たしかに、実際、極東〔日本〕においては、年を経るにつれ、古くから使われてきた武器〔弓〕が、近代的な武器に置き換えられてきましたが、その武器に慣れ親しむことが途絶えたわけではなく、さらに進展して、その後ますます広い範囲で行われています。それ故、日本で今日いわば国民的なスポーツとして行われている〔弓道の〕特別なやり方の叙述をあるいは期待されるかも知れません。

けれどもそれは見当違いです。日本人は、弓道を一種の「スポーツ」ではなく、さしあたって不思議に聞こえるかも知れませんが、徹頭徹尾「精神的な」ものと理解しています。それ故、日本人は、弓道の「道」を、主に肉体的な訓練によって、的に「中《あ》てる」ことが標準となる、誰でもが多少なりとも出来るようなスポーツ的な能力ではなく、その根源は純粋に精神的な修練を追求する能力であり、その目標は精神的に中てることにあり、その結果、射手は結局のところ自己自身を狙い、そのことによって、自己自身を射中《いあ》てることに達する能力である、と解しているのです。

こう言えば、疑いもなく謎めいて聞こえるでしょう。生死を懸けた真剣なものとして習われ、稽古されてきた弓術が、今日、分かりやすいスポーツに引き継がれないで、いかにして、何か精神修養のようなものになってしまったというのでしょうか。それならば、弓と矢と的は、なお何のためにあるのか。弓術という、男らしい古い技術と明確な意味を完全に変えてしまって、空想的とは言わないまでも、多義的で曖昧なものに置き換えられたとでもいうのでしょうか。

しかし、さしあたり大事なのは、この弓道の独特な「精神」が、もはや血なまぐさい対決というのではなくなって以来、いっそう明白になってきたことです。この精神は、後から初めて追加されたのではなく、昔から一体となって結びついていたものでした。それ以来、精神を完全に純粋に育成して、付随的な目的に惑わされることなく際立たせることが初めて可能になりました。弓道は、依然として生死を懸けた一大事であって、まったく軽く見られるようになったのではありません。それが、対決であることは変わりありませんが、今や射手が自己自身と対決するものとなっているのです。そしてまさにこの点に、この道の本来的な「精神」が現われているのです。というのは、この射手の自己自身との対決が、すべての「外部に」向けられた対決——たとえば敵との対決——の、本質的で主要な根底なのです。このような外部に向けられた対決がなくなって以来、初めて弓道の本質は、その最も深い根底に戻されて、それ自身が明らかになってきたのです。

ここから、この弓道の最も内奥の根底、射手の自己自身との対決の本質は何かと問うならば、それに与えられる答えは、まったく理解しがたい、謎めいたものに聞こえるに違いありません。というのは、射手の自己自身との対決は、自己自身を狙うが、また他方自己自身を狙うのではない、時として自己自身を射中て、他方自己自身を射中てない。したがって、弓道が担っている根底は底なしであり、無底と呼ぶべきものです。あるいは、日本の弓道の達人たちの間で使われている表現を用いるならば、弓を射る時には、「不動の中心」であることに全てがかかっています。その時、術は術なきものになり、弓を射ることは、弓と矢で以《も》って射ないことになり、射ないことは、弓と矢なくして射ることになるのです。日本人にとっては、このような逆説的な言い方はまさしく本来的であり、ほとんど自明であり事柄の本質を言い当てています。それに対して我々にとっては、それは疑いもなく、完全に途方に暮れさせます。それ故、これをさらに詳しく話すより仕方ありません。

日本の道と禅の関係

日本のすべての道《どう》は、その内面的な形式から言えば一つの共通の根、すなわち仏教に遡るということは、我々ヨーロッパ人にとってもしばらく前から秘密ではなくなっています。このことが、弓道に関しても当てはまることは、水墨画、茶道、能楽道、華道、剣道――〔ここでは〕これらの道のみ挙げますが――と同様です。これらの道は、ある精神的な立場――それぞれのあり様にしたがって多少度合いは違いますが、その最も高められた形式においては、仏教特有のものであるということ(2)――を、前提にしていることを意味しています。

もちろん仏教そのものではありません。ここでは、かの「思弁的な」仏教――これは近づき得ると思われている文献があるのでヨーロッパ人だけが根本的に知っている、あるいは知っていると思っているだけのものです――を問題とするのではありません。(3)そうではなく、日本において「禅」と言われている、非 - 思弁的な仏教を問題としています。それは第一の意味の思弁ではなく、実践、沈思の実践であり、「それについて」思惟《しい》的に詳論される知識には価値を置かず、「その内における」生きることにおいて挫《くじ》けない力を得るようにさせようとするものです。

このことは、弓に関して言うなら、もちろん取りあえずの言い方ですが、弓道が基とする精神的な修練は、正しく解された「神秘主義的な」修行であり、弓道は、弓と矢による外面的なものではなく、内面的に自己自身に方向づけられた意味を持っている、と言えるでしょう。弓と矢とは、いわばそれらがなくとも到達できるものの取っ掛かりにすぎません。ある目的への途《みち》であり、目的そのものではないのです。この途がそこへと導くべき目的それ自身は、端的に正しく表現されれば、神秘的な合一(unio mystica)、神性と一つになることであり、仏陀が活《い》きるようになるということです。(4)

このような状況に直面して、より深い理解のために、日本人の研究者の叙述に注意を向けること以上によいことはないでしょう。事実、それらが不足しているということはありません。

たとえば鈴木大拙《すずきだいせつ》氏は、その『禅論集』(5)において、日本文化と禅が最も内的に一体であり、日本の諸々《もろもろ》の道、武士の精神的態度、日本人の生活様式、道徳的、実践的、美的な――それどころかある程度までは知的な面においてさえ――日本人の生活形態は、この禅という根底なくしては理解することが出来ないということを証明しようとしています。

鈴木氏や他の日本人研究者の著書は、日本についての欧米の文献に影響を与えずに止《とど》まっているというわけではありません。しかし残念ながら、この点に関する我々の知識は非常に増えましたが、それによって我々の認識が同じ程に目覚めさせられたわけではないと、言わざるを得ません。

日本人は、それについて述べているか否かにかかわらず、禅の雰囲気、禅の精神の中に生きています。それゆえ、日本人にとっては、禅に関係する全てのことは、内面から、禅の根源から明瞭に理解できることになります。日本人にとってはちょっとした指示だけでも、何が大事であるのか把握するのに十分です。日本人が考えていることを表現し、伝えようとする時には、簡単な暗示だけで完全に達せられるように思われます。なぜなら、日本人は、禅の最も内奥の本質に馴染《なじ》んでおり、経験したものに向いているからです。

それに対して、日本人がたとえばヨーロッパ人に通じる言葉で自らを理解させようとする時には、ヨーロッパ人が全く違った来歴を持っているということを見誤っています。日本人は、ヨーロッパ人の思惟様式にあまりに習熟しておらず、ヨーロッパ人の問題の仕方にあまりに通じていません。そして日本人は、彼らが語るすべてのことを、ヨーロッパ人は言葉〔だけ〕によって理解することを頼りにしているとは思っていません。一方、日本人にとって、言葉はある意味に至る手段に過ぎず、意味はいわば行間にあって、その都度理解できるように言われたり考えられたりするのではなく、経験した者によって経験されるしかないのです。日本人の論述は、言葉だけで理解するなら、思惟に慣れたヨーロッパ人にとっては、混乱していると言わないまでも、幼稚なように思われます。逆に日本人は、ヨーロッパ人が表現する時には、悟性が鋭いとしても羨ましくなどなく、我々を「精神がない」と言わないまでも、直観がないと見なすに違いないのです。

このことは、欧米の研究者の仏教、さらには禅についての研究を見れば、最も広範囲に認められます。というのは、彼らがやっていることは、テキストに拠《よ》り、それを翻訳し、注釈し、文献的に確かめられた方法に従って、研究しているだけなのです。こうしたことを行ったとしても、「学問的に」徹底的に吟味されたテキストを現実に「把握した」と思い込んでいるだけで、何事も何者も現われてはいないのです。「言葉」至上主義においては、すべてを理解する可能性は崩れています。彼らは、言うことが出来ないもの、あらゆる思弁に先立っている神秘的な実存の強烈な力から、可能な限り遠ざかっているのです。ヨーロッパ人は、全て真正の神秘主義においては、経験が第一のものであり、意識して持つことは第二のことであり、解釈し経験したことを組織立てることは第三のことであるということを知りません。ヨーロッパ人は、自ら神秘主義者になる以外、神秘主義を捉える方法はないことを知らないのです。

本講演の進め方

私の意図は、皆さん方をこれ以上逆説的な言い方によって驚かそうというのでも、自慢話をして宥《なだ》めようというのでもありません。私はそれ以上のことを求めています。私は皆さん方を刺激するのでなく、鼓舞したいのです。私は、皆さん方が、単に言葉で理解された仏教の文献によっては、仏教の本質、とりわけ禅の本質、さらには日本の道《どう》の本質——その核心は禅にあります——には一歩も近づき得ないという洞察を持たれるようにしたいと思います。

そして、このことは、私が弓道の本質を論述するのではなく、暗示的に止まりますが、私の日本滞在中にある偉大な達人によって教えられた、ほとんど六年にわたる弓道の稽古について、大まかにあらましを報告することにより、皆さん方の心の眼に弓道の本質がどのようなものかご理解いただけるように試みることによって、達成できると信じています。これに際して、私がこの高き道の精神に入るのに成功するまでに克服しなければならなかった、内的な抵抗、とりわけ私のあまりに「批判的な」立場を詳しく思い出して述べることを特に重視します。おそらく、こうしたやり方によって〔弓道の本質を〕理解できるようにしたいと思うのです。

もちろん、全てがかかっている内的な経験を、言葉で伝えて、他人に分からせることなど、出来ません。この点においては、全ては単なる予測に止まり未解決のままでしょう。けれどもこれは、実は「現実的」である神秘主義的な経験を理解する試みを、それが嶮《けわ》しく、かつ近づきがたいという理由だけで避けるよりは、おそらくましなことでしょう。

II

弓道を学んだ動機

まず、何ゆえに、私がまさにこの弓道を習おうと企てたのか、説明することが必要でしょう。

私は、すでに学生の頃から、神秘主義、特にドイツ神秘主義を詳しく研究していました。(6) けれども、これを完全に理解するためには、私には何かが欠けていることが分かりました。それは、私には現われてきそうにはなく、またどこにも解明する道が見《み》出《いだ》せない究極のものでした。私は最後の門の前に立ったが、開けるべき鍵が私には欠けているような気がしました。

それ故、東北帝国大学で、数年間勤めてみないかという問い合わせを受けた時、日本の国土と驚くべき民族を知ることが出来る可能性を、喜んで受け入れたのです。それによって、「生ける」仏教〔禅[7]〕に接するだけでなく、そのことによって、マイスター・エックハルト〔一二六〇?―一三二七〕が、あのように称揚しながら、それへと至る道を叙述していない「離脱[8]」の本質について、多少とも詳しいことを経験することが出来るかも知れないという見通しが開かれたからです。

私は日本に到着するやいなや、自分の意図を実現しようと試みました。[9]しかしながら、ある人が、神秘主義〔禅〕の修行に直接入るのは、あまりにも困難で、ヨーロッパ人にとって多分見込みがないことだろうと注意してくれ、日本の道《どう》の一つを習うことから始めるように勧めてくれました。日本の道はすべてある程度まで仏教の精神を共有しているが、さしあたり「技で摑《つか》むことができる」のであり、〔そこから〕決して摑めないもの、把握できないもの〔禅の悟り〕へと移行していくのが容易にできるだろうからです。

私の妻は、華道と墨絵を習うことに決めましたが、[10]私は弓道に惹《ひ》かれました。それは、自分の長年の小銃と拳銃の訓練が役に立つだろうと思ったからですが、その見込みはまったく誤りだったことが後で分かります。私は、偉大な達人・阿波《あわ》師[11]の下ですでに何年も稽古していた日本人の同僚〔小町谷《こまちや》操三《そうぞう》〕に、彼の師に弟子としていただけるように頼んでほしいとお願いしたのです。

師は、最初私の願いをきっぱりと断られました。というのは、以前に惑わされて外国人を指導したことがあったが、ひどい経験をした、東京や大都市圏の師匠において は残念ながら見られるような、外国人の弟子が逃げ出さないように気遣って譲歩するということはしたくないからだというのです。

「師がそのように厳格に弓道の本質を捉えておられるなら、私を彼の最も若い生徒のように扱っていただいても構いません。なぜなら、私は弓と矢の外面的な取り扱いではなく、弓道の『大いなる教え』(12)を知るために学びたいのですから」

そのように誓って初めて、私は弟子として受け入れられました。妻もまた、入門しました。というのは、日本では女性が弓道の稽古を受けることはごく普通のことでしたので。そして真剣で厳格な稽古が始まりました。この稽古には、日本人の同僚も通訳として一緒に参加してくれました。(13)

力を抜いた引き分け

術なき術への道は容易ではないということを、最初の稽古から早速《さっそく》経験しなければなりませんでした。師は、よく観察するように言われて、弓を引き、射られました。それは大変美しく、同時に大変簡単に見えました。それから、師は私に稽古の弓を渡して、注意されました。

「弓道はスポーツではありません。したがって、あなたの筋肉を発達させるようなことは何もしません。あなたは、腕の力によって弓を引っ張らず、弓を『精神的』に引くことを学ばねばなりません」

——そのことは、さしあたって、完全に力を抜いて、筋肉組織の緊張を弛《ゆる》めて引くことを学ばなければならないことを意味していました。

最初の試みですでに、弓を引こうとすれば、力を、全く大きな筋肉の力を働かさなければならないことに気づきました。弓は、イギリス式のスポーツ弓〔アーチェリー〕のように、引く際に肩の高さに保つことはできませんが、自らを弓の中へと押込むことができます。日本の弓は、むしろ両手を射手の頭の上へと十分高く打ち起します。そうすると、押したり引っ張ったりすることはなくなり、むしろ両手は引き分けられ、〔弓を持った〕左手は腕がのばされて眼の高さに、〔弦を引く〕右手は腕が曲げられて右肩の関節の上にいくように引き分けられます。それにより、非常に大きな引き分け幅になります。この姿勢で、射手は離れになる前に、少しの間保持しなければなりません〔「会《かい》」〕。こうしようとすると、私の場合、二、三秒後には腕は痙攣《けいれん》し始め、呼吸は苦しくなって、射放って初めて、呼吸困難から救われるということになるのが避けられなかったのです。このことが毎日毎日繰り返されました。弓を引くことは非常な緊張であり続け、いくら稽古しても一向に「精神的に」なるとは思えませんでした。私は、弓を引くにはコツがあるが、弟子がそれを早く会得しないように、師は神秘めかして語っているに違いない、私はいつかきっとそのコツを見出してやろう、と考えて自らを慰めていました。

私は辛抱強く稽古し、ドイツ人的な徹底さで、問題をあれこれと考えました。いつか謎を解明して師を驚かすことができるのを期待して、私は思いつくことをいろいろ試しましたが、役に立たずに終わりました。稽古の時、師は深く穏やかで、にもかかわらず貫くような眼で私を見ておられました。私の熱心さを褒め、引き分ける時に、力を使うことに対しては注意されましたが、その他の点では、自分なりの理解で進もうとする私の思うままに任せていました。ある日、私はにっちもさっちも行かなくなっているのを認めざるを得なくなりました。

呼吸法の教え

そして再びさらに進んだ教えを受けられることになりました。師は説明されました。「あなたが弓を正しく引けないのは、肺で呼吸しているからです。息をゆっくりと押し下げて、腹壁が適度に張るように、そこで息をしっかりと保ちなさい。力づくで〔息を〕押し込めることなく、どうしても必要なだけ息を吸い、吐きなさい。

このように呼吸できるようになると、あなたは力を抜いたまま、負担が軽くなった腕で弓を造作なく引けます。というのも、力の中心を下へと移しているからです[14]」

その証拠に師は、強い弓を引いて、私に彼の腕に触れてみるように言われました。その腕は確かに力が抜けており、まるで何も仕事をしていないかのようでした。

しばらくしてこの慣れない呼吸法がよりよく出来るようになりました。同時に弓を引くこともどんどん容易に感じられるようになったことを認めなければなりませんでした。時折、師は私の背後から私の腕の筋肉を調べて、それが完全に弛んでいるのを認めてから、矢を放つことを許されました。

一年後、弓を正しく引くことが出来るようになったことは、確かに驚くべき成果というわけではありません。しかし私は、すでにそれでも満足しました。というのは、正しい呼吸とともに、私はそれまでは知ろうとは思わなかった他の事——内的な発展を先取りせず、物事をいわばその自然な重力に任せる忍耐——も教えられたからです。

離れという課題

さらに、今や新しい課題の前に立たされていることを知っていました。すでに長い間、それが特別に困難なものであることを確信していたことです。私はそれまで射《しゃ》を放つことをやっても、矢を単に放しているだけでした。今や、これについて考えなければなりません。

右手は革の手袋〔弽《ゆがけ》〕で守られています。詰め物で厚くなった親指は、弦を巻いて矢の下で、内側に曲げています。人差し指と中指、薬指は、親指を上から摑《つか》んでしっかりと握り、同時に矢にはしっかりした支えとなります。射の離れは、親指を押えていた三本の指を開き、親指を解き放つことを意味します。弦の力強い引きによって、親指はその位置から弾《はじ》かれて、伸ばされます。弦は唸《うな》り、放たれた矢は弾け飛んでいくのです。

それまで射放つ度に、私には明らかに衝撃がありました。弓を引き絞って、手を開くことは、親指を押えている指を引き裂くようにしかなりません。今やそれをやめなければなりません。師が射を放つ時には、少しの衝撃も認められません。師の手は突然に開かれ、どうなるか見ることが出来ない内に、離れが稲妻のように起きます。私はそれに倣おうと試みたが、うまく行きません。謎を自分で解こうと執心することはせずに、一生懸命にやっても、これ以上に進めないことを師に告白しました。

「無心」の離れ

師は言われました。「あなたの一番の欠点は、まさにあなたがそのように立派な『意志』を持っていることです。あなたは、矢がちょうどよい時だと『感じ』、『考え』た時に、矢をすばやく射放そうと『意欲』され、意図的に右手を開いています。つまりそのことを意識しています。あなたは無心（absichtlos）であることを学ばねばなりません。射が自然に離れるまで、待たなければなりません(15)」

「しかし、私がそれを待っていると、いつまでも射が生じません。私は弓を出来るだけ引き絞っていると、矢を放つことができず、意識して放します。引き絞った弓が両手を引き寄せてくると、射が全く生じません」と私は答えました。

師は答えられた。「待たなければならないと言ったが、これは確かに誤解を生む表現でした。あなたは本当は無であるべきで、待つのでも、考えるのでも、感じるのでも、意欲するのでもありません。術なき術は、あなたが完全に無我（ichlos）となり、自己自身をなくすところに本質があるのです。完全に無我であることがうまく出来るようになれば、射はうまくいくでしょう」

師はまさに私が弓道を学ぼうとした主題にとうとう触れたのです。私は、このことでまだ満足しませんでした。それ故、私は尋ねました。

「もし私が単に無になるべきであるなら、その時には一体誰が射るのでしょうか」[16]

「誰があなたの代わりに射るのか、それを一度経験できたならば、あなたはもはや教師を必要としないでしょう。経験した時にのみ初めて理解できることを、言葉で以ってどのように説明すべきでしょう。仏陀が射るとでも言うべきでしょうか。この場合、どんな知識も口真似も何の助けになりましょう。

むしろ自分自身に集中すること、さしあたり自らを外から内へと向け、しかもこの内なることも次第に視野から失うようにお習いなさい」

深く集中する稽古

師は、この深い集中にいかに達すべきか示唆を与えられた。弓を射る一時間前から出来るだけ落ち着いて、正しい呼吸をして、自らを内的に調えること、あらゆる刺激から次第に自らを閉ざして、落ち着いて弓を引き、他のあらゆることは自然に委ねる。このようにして、次第に完全な無我の状態に変わっていき、それへと移っていくことが出来る。そして射が発せられて初めて再び無我から引き戻され、緊張が解かれ、無限の力が働くようになる、というのです。

そういうつもりで我々は長い間稽古しましたが、さしあたり全く無益でした。確かに引き絞っている間に、このような無我の状態にうまく入ったように私には思える時がありましたが、長く引き絞っている程、それだけ強く引きが感じられ、「それ」が射る時を考えざるを得ません。ついに手を意図的に開くように強いられました。射が発せられて我に返るというのではなく、射の瞬間にも意識していることに気づいていました。

そのようにして何週間も何か月も過ぎましたが、そうあるべき射はただの一度もうまくいきませんでした。師は決して忍耐を失われなかった。彼の弟子の多くは、何年もの稽古にもかかわらず、私よりよりよく射られるわけではないということもほのめかされた。

「あなたは、無心であるように努力しています。無心になろうと意図するから、それ以上進めないのです」

「私は、無心であろうと少なくとも努めています。そうでないと、無心がいかに現れるかが分からないからです」

私がそう答えると、師は途方に暮れて、何と答えるべきか見つからなかったのです。間接的に聞いたことですが、師はこの頃、あまりにうるさい質問者を納得させることが出来るものが得られるかも知れないという希望を持って、日本語の哲学の教科書を二、三冊買い求めたが、しばらくして頭を抱えて投げ出し、このような物に職業的に従事しなければならない私に「精神的に」何か正しいものを得ることが期待できない訳が分かったと、漏らされたということです。

技巧の離れ——破門事件

そうこうしている内に、稽古は三年目に入りました。私が陥った行き詰まりを克服する見込みはますます消えていきました。自分の困惑を抑えるために、射の離れは、実は「技巧的に」解決することが出来ると私は思い込みました。射が「無心のように」出来る放ち方があるに違いないと考えました。

夏休みが始まると、私はこの問題を詳しく研究しました。射のよさは、曲げた親指を握っている〔三本の〕指を放すやり方にかかっているに違いないという結論に達しました。そしてすぐに納得でき、実践できるやり方を発見しました。私は三本の指を慎重にゆるめて伸ばすと、親指は固定されていた支えをなくして、突然に弾かれ、私の関与なくして、弦と矢が離れる瞬間が来るに違いない、と自分で考え出したのです。このような期待を持って稽古すると、すぐに射の離れがそれまでよりずっと容易に「無心に」出来るように思われました。このやり方で、離れは次第に技巧的に確かなものになったので、自信を持って稽古の再開を待っていました。

しかし、私が弓を学ぼうとそもそも思った、目指していた集中の修練は、多かれ少なかれ諦めていました。神秘主義的な沈思の修行に習熟したいという高い望みは、実現されずに終わるに違いないと思われました。今や弓をスポーツとしてだけ考え出したので、技巧的に行う弓をこれ以上続ける意味がまだあるのか。私は、本来の目的のために、全く別の途《みち》を採るべきではないのか。

これについての決定は、私が思っていた以上に早く、しかも全く別の形で行われました。休み後の稽古の最初の時間に、私は師の前で、時間を掛けて自分で習得したように射をやってみせました。私の評価ではうまくいきました。褒められ認められることを期待しましたが、師は出来るだけ平静に、「どうぞもう一度」と言われました。第二射は第一射を凌駕《りょうが》しているように思われた。私は誇らしげに師を見ました。しかし師は無言で私の方へ来て、ゆっくりと手から弓を取り上げて、弓を片隅に置かれました。師は黙って座布団の上に座り、あたかも一人であるかのようにあてどなく見ておられた。このことが何を意味するのかが分かったので、私は立ち去りました。翌日、私は、師を欺こうとした私の試みによって、師の心を深く傷つけたということを聞きました。(17)

私には「精神的な」射は到達出来ないように思われ、技巧的に解決するより他に方法はないように思われたことを詳しく申し上げて後、初めて師は私がどうしようもなかったことを理解し、私の言い訳を認められたのです。

正しい離れの習得

私が師の教えに無条件に随《したが》っていることに疑いがなくなるまで、重要な稽古が徹底的に繰り返されました。

一年が過ぎ去ろうとする時に、完全に認められる射に初めて成功しました。呪縛は明らかに解かれました。次第によい射が悪い射を越えていきました。

射の正しい離れはどのように行うのかと問われたとしても、私はそれを知らない、と答えざるを得ません。私の行いではなく、私がいかにそれが生じるか注意を払うことなく、矢がすでに飛んでいくのですから。

的前射の課題

〔稽古を始めてから〕四年の後、師は、的に向かって射るという最後の課題に来たことを告げられました。それまでは、的として堅く締めた藁《わら》の太い束〔巻藁《まきわら》〕は二メートル離れたところに置かれていたので、造作なく中《あ》てられましたが、今や射手から約三〇メートル[18]離れた的に向かって射るのです。

師は、これまで学んだことをそのまま繰り返すようにと教えられました。当然のことながら、私はすぐに的に中てるために、弓をどのように扱うべきか尋ねました。師は答えられた。

「あなたは的にとらわれてはいけません。これまでのように射るのです」

「しかし、的に中てるためには、狙わねばなりません」と、私は返した。

「違います」と、師は言葉を強められた。

「あなたは〔的を〕狙ってはなりません。的のことも中《あ》たりのことも、何も考えてはいけません。弓を引いて射が離れるまで待ちなさい。その他すべてのことは、それが生じるに任せなさい」

それから師は弓を執って、引き、離された。矢は的の真ん中に中たった。

そして師は私に尋ねられた。

「よく御覧になりましたか。私が、沈思する時の仏陀の絵のように、眼をほとんど閉じていたのを。私が眼をそのように閉じていると、的は次第にぼんやりとなり、やがて的が私の方に来るように思われ、私と一つになります。このことは最も深い集中においてのみ達せられることです。的が私と一つであることは、仏陀と一つであること を意味します。そして私が仏陀と一つであれば、矢は存在と非存在の不動の中心―― したがって的の中心にあるのです。矢は中心にある――このことは我々の目覚めた意識からすれば、矢は中心から来て、中心へ行くことを意味します。あなたは的を狙うのではなく、自己自身を狙うのであれば、あなたは自己自身に中たるのであり、同時に仏陀に、そして的に中たるのです」

私は師の教えに従っていこうと試みましたが、ほんの少ししか出来ませんでした。私は的を完全に眼から失わせることも、したがって狙うことを諦めることも出来ませんでした。にもかかわらず、私の矢はいつもあらぬ方へ飛んでいって、決して的には入らなかったのです。そのことは私を悲しませました。私は以前から小銃やピストルの射撃で命中弾を数えることに慣れていました。このことが、私の中で影響を残していたのです。

いくら一生懸命に稽古しても、悲しいことに的には中たらなかった。師は私がいらだつのを叱られた。師は忠告されました。

「中たりを気にしてはなりません。それでは『精神的に』射ることは学べません。出来るだけ多くの矢が少なくとも的の範囲に来るように、あれこれ試して、射るやり方を見つけ出すことはたやすいことでしょう。あなたがもしもこのような『技巧者』になろうとされるなら、精神的な弓の教師はもはや必要ではありません」

実際、私は決して技巧者になろうとは思っていませんでした。中《あ》てる目的に適った弓の持ち方を見出そうとすることは諦めました。けれども精神的な意味での射手にもなれなかった。一生懸命努力しているにもかかわらず、成果がないことが、私の気持ちを重くしました。目標の一歩手前で、私は諦めねばならないのか。確かに十年も二十年も弓道を稽古しながら、まだ弟子のまま止《とど》まっている人が多くいることを知っていました。しかし私の日本滞在は限られていました。長い先を見て、自らを慰めることは出来なかったのです。

そしてある日、私は師を訪ねて、狙わずに中てることを理解出来ず、どうしても習得出来ないことを申し上げました。師は最初私をなだめようと試みられた。私は出来ないという意識に強く囚《とら》われていたので、我々は一歩も進めませんでした。

終《つい》に師は、私の停滞は単に不信のせいだと言われた。

「的を狙わずに的に中てることを、どうしても承服しようとされない。あなたを先に進ませるためには、もはや最後の手段があるだけだ。あまり使いたくない手だが」
そして私に、夜にもう一度訪ねて来るようにと言われた。

暗闇の中での的中

九時頃、私は師の許《もと》へ伺い、師のところへ通されました。師は傍らに座るように導かれたが、それ以上私を顧みられなかった。しばらくして師は立ち上がり、ついて来るように目配せをされた。我々は、師の家の傍らにある広い道場に入りました。〔的がある垜屋《あずちや》に行って〕師は編み針のように細長い線香に火を点《とも》して、的の前の砂の前に立てた。それから我々は射る道場へ戻りました。師は光の中に立っているのでまばゆいほど明るく見えた一方、〔約三〇メートル先の〕的は深い闇の内にあり、線香の火でやっと見える程でした。
師はまだ無言のまま、弓と〔一手〕二本の矢を取られた。師は甲矢《はや》を射た。私は衝撃音で矢が的に中たったことが分かった。乙矢《おとや》も命中したのが聞こえた。師は私に二本の矢を見てくるように言われました。甲矢は、まさに的の真ん中に刺さり、乙矢は、甲矢の筈《はず》に当たって軸を割いていた。私は二本の矢を〔的ごと〕道場に持って戻りました⒆。

師はそれを見てしばらく考え込んでから、終に次のように言われました。

「あなたは、甲矢が的の真ん中に中たったことは、達人の芸ではないと考えられるかも知れません。なにしろ、私はこの道場で優に三十年以上も稽古しているので、真っ暗闇であっても的がどこにあるかを知っているに違いないから。その限りでは、あなたは正しいかも知れない。

けれども乙矢はどうか。これは『私に』起因することではありません。『私が』中てたのでもありません。こんな暗闇の中で狙えるものか、あなたはとくと考えて下さい。これでもまだ狙わなければ中てられないという思いに止まろうと思われますか。我々は的の前で頭を下げようではありませんか、仏陀の前でそうするように」

無心の射の経験

この時から、私は疑うことも問うことも思い悩むことも、きっぱりと諦めました。もはやどんな結果になるかに頭を悩まさなくなり、一生懸命に稽古しました。それどころか、無心になってまさに夢遊病者の確かさで以って、的に中たるようなところまで、私の生涯において行くかどうかも、全く気にかけなくなりました。そのことは、「私の」手の内にはないことを知っていました。一、二度狙うことなく的に中たったが、このことは、私の射に対する師の判定には何ら影響を及ぼさなかった。師は射手をじっと見て、的の方は見られなかった。外れた射でも、私の精神的態度を見て、注目に値すると見なされたものが多くありました。

私の方でも、中たりは全くどうでもよいと思えるようになった時に、師が完全に賞賛する射が増えていきました。射る時に、私の周りで何が生じようが、もはや私には何の関係もなくなりました。射る際に、二つの眼、あるいはそれ以上の眼が見つめているか否かも、私には関係がなくなったのです。師が叱るか褒めるかさえ、少しも心を動かさなくなりました。「それ」が射るということが何を意味するか、今や私は経験したことが分かったのです。この経験は、もしも突然に私の腕が弓を引くことが出来なくなったとしても、もはや失われることはないでしょう。

ある日――稽古を始めてから五年目でしたが、師は私たち〔夫婦〕が審査を受けるべきだと告げられました。私たちは立派に審査に合格して、免状を授けられました。その免状は、私たちが十分に進んだので、教師なくしても稽古が出来、私たち自身が教師と生徒が一つになっており、いつか弓の術なき術の「達人」になる見込みがあることを意味していたのです(20)。

私たち〔夫婦〕が日本を去る時、師は別れに際して、御自分の弓を私に贈って下さったのです。

III

禅仏教について

その上、幸運にも、禅僧によって修されている神秘主義的な沈思の実践を経験できましたが(21)、これについては、ここでは簡単に述べるに止《とど》めます。

禅の沈思の実践は、完璧なやり方でされたなら、弓道において正しく行われた時にまさに重要でした、弓と矢なくして「射中《あ》てる」ことです。弓と矢を使って無心、無我になり、底なしに沈潜するか、仏陀のように両手を組んで坐して沈思するかは、本当のところ、一つであり、同じことです。ただ弓道は通じやすく容易に成し遂げられるのに対して、坐禅《ざぜん》は難しいが、長続きします。

それはどうであろうと、弓と禅にとって大事であるのは、放下《ほうげ》し（gelassen）、無心、無我になることであって、単にそう思い込むことではありません。人は無になるのであり、現実に無化するのです。いわば単に無意味な何かとして「感じる」のではありません。というのは、真正の沈思においては、あらゆる思惟《しい》すること、意欲することだけでなく、感じること――これを気持ちがする、気分がする、あるいは自ら感じるなどと一般的に解してもよいですが――これらがすべて無くなってしまうからです。神秘主義的な実存（Existenz）、すなわち無となって有ること（das Sein des Nichtsein）は、まったく言い得ざるもの、叙述し得ざるもの、〔何ものとも〕比べようもないものです。それを経験しない限り、言葉はそれを叙述することは出来ず、わずかに遠回しに言えるだけであることを知らなければなりません。

何ゆえに、禅の文献は「逆説」によって満ちているのか、何ゆえに、禅の修行者は底なしで根拠のないことを、「思惟すること」によって根拠づけようとするのを決定的に諦めるまで、逆説によって自らを追い詰めていくのか、理解することが出来るためには、神秘主義的な実存を経験しなければなりません。そして、あらゆる神秘主義において「無」という概念が決定的な役割を果たし、それによって、最も充実したもの、最も力強いもの、最も有るといえるものが目に入ってくるのです。

ヨーロッパ人の神秘主義への無理解

ここから、何ゆえにヨーロッパにおいては、仏教のみならず、神秘主義一般についても、まさに奇っ怪な観念が広まっているかが説明されます。〔ヨーロッパ人は〕沈思や離脱と称するものは、自己暗示に基づくものであり、それ故「心理学的に」説明可能に違いないと思い込んでいるだけではありません。原始的な諸種族を忘我状態のいろいろな形式から徹底して調べて、それを単純にも神秘主義的なもの、あるいは神秘主義に似通ったものだと思い込んで、結局、すべての神秘主義は何らかの点で、正常ではないものであると、得意になって安堵《あんど》して確認しているだけです。このような人たちに、彼らは完全に役立たない方法によって、〔井の中の〕蛙《かわず》のような見方から、彼らにおいては立てられようもない問いを敢《あ》えて問おうとしているのだと説得してみても、望みがなく、不必要な力の浪費でしょう。というのは、彼らは、神秘主義的でない点においては、単純だからです。

はるかに重視して考えるべきなのは、「原典」を研究し、それを翻訳し、注釈をし、純粋に文献学的な仕事をする一方、これらの文献の中に見出《みいだ》されるすべてについて、権威を持って判断できると思うことを抑制出来ない人たちでしょう。彼らは、原典において見出されることを、徹底的に考察して、多くの箇所を引用して論じることによって、反論できない完璧な論を作り上げたつもりになっています。その際、彼らは奇妙にも、彼らにとっては通じ得たと思っている思弁的な仏教を、仏教「そのもの」だとし、非思弁的な、すなわち第一義において思弁ではない禅‐仏教――日本だけに存在するというわけではない――〔も同じ〕だと考えるのです。それ〔禅‐仏教〕が、彼らの方法では何ら取り組める可能性も提供しないので、手を振ってあっさり片付け、彼らの無理解――伝記的な意義のみは持っているとしても――を正当な言い分だと思うのです。他方、彼らは、思弁的な仏教の根も、彼らが持ってはいない非‐思弁的な神秘主義的な根本経験に求められるということを見落としています。彼らは、そのような根本経験がないので、この経験がどのような思弁的な効果を付与するのか、また多くの場面で思弁的な関心が、この経験に対して独立させ、それを覆いつくしていないかどうか、など決定できません。禅‐仏教においては、思弁を拒否はしないが、他方、思弁によってもたらされる大きな危険を意識していることが重要です。それ故、禅－仏教は、神秘主義的な経験を常に決定的なものとして前面に立て、この点では、信奉者に中途半端なものでは満足しないのです。

しかし、これ以上は深く立ち入ることはできません。それよりも広まっている誤解を考える方が重要です。それは、事実によって論破できる利点があります。神秘主義は、とりわけ仏教は、消極的で、世に疎《うと》く、世を遁《のが》れ、世と敵対する精神的態度に導くということを、人は繰り返し聞かされています。

そのようなもの「も」ありますが、神秘主義のある種の現象の仕方を、神秘主義そのものと思い誤っています。人は、ぞっとして、こんな怠惰なやり方に背を向けて、彼らの「ファウスト的な」性格を自ら賞賛します。その際、ドイツの精神史において、偉大な神秘主義者、マイスター・エックハルトがいたこと、彼は離脱を説く一方、活動的な生活の打ち消しがたい価値について説いたということを思い出しもしません。この「教え」は内的な矛盾を表わしていると思う人は、その精神文化と生活形態が禅－仏教によって決定的に規定されている日本民族が、消極的で責任があるのに世を遁れているなどと非難をすることはとうてい出来ないということを、よく考えてみられるとよい。日本人は、いわば悪い、生半可な仏教徒だから驚くほど活動的なのではなく、まさに日本の地において生きて活動的な仏教が、彼らの活動性を是認しているのです。

弓道における経験

神秘主義と遁世《とんせい》主義とは通じるものもあっても、必ずしも結びついたものではないということは、まさに弓道において、極めて具体的に証明されます。弓を引く前に、初めに礼法〔体配〕が行われます。決まった歩みをして、的に対する位置〔射位〕に来ると、静かに立ち、深く呼吸します。射手が弓を引こうとする時には、非常に集中しており、完全に沈潜しています。弓を引き分けると、沈潜の状態は極度に深められて、〔会《かい》で〕引き絞っているのが長く続く程に、それ以降に生じることは、意識の彼方《かなた》で行われます。発射の瞬間に、射手は初めて再び「自らに」復《かえ》ります。徐々にではなく、一挙に、彼にとっては親しい周りの世界が再びそこに在ります。彼自身を貫いて、飛んでいく矢に働いている力によって彼が抜け出ていた世界へ投げ返された自らを見ます。かくて射手にとって、「無」と「有」は、内的にはまったく違っているにもかかわらず、最も緊密に相互に結びついており、互いに指し示しています。有から無への途《みち》は、再び有へと戻されます。射手が戻ろうとするのではなく、彼は投げ返されているのです。そして彼の経験によって直接的に見出されるこのことは、思弁によっては示されず、むしろまさにその純粋な思弁の起源を否認することが出来ないような方法、従って疑わしい方法によって、せいぜい言い宥められるだけである。根底においては、無と有の間に、あるいはより容易に理解するために強いて言えば、神性と現世の生活の間、完全な忘我と明瞭な「自我」(Ich)意識との間には、同一で分けることができない関係があるのです。無の中に有を経験することは、「自我」を経験することです。無我性へと忘我する者が自我で有ることへ〔無の中で自我が〕「死した者」が「生成」へと再び投げ返されます。(22) そしてそれによって自己自身において、彼の現存在の軌道を越えて有るものを経験するのです。

実際、ここに、神秘主義的な思弁にとって重要な考察の足場があります。それは、神秘主義的な根本経験に結びついています。そこへと導かれ、強調されるやり方は、この経験の徹底性によっているが、また経験する者の個性にもよっています。この個性が強く出ている程、個性によって思弁は影響され、織り上げられる程度も強くなります。その思弁の器官は今や思惟であり、その十分な根底は自我意識です。

日本人における道

ここは、神秘主義的な実存の本質をめぐる問題に踏み入る所ではありません。別の問いが浮かび上がってきます。

仏教はすでに述べたように、日本人の民族の文化と生活の諸形式を広範囲に規定し、刻印しています。もちろん直接にではなく――というのは、「悟り」に与《あずか》るようになった人は、比較的わずかにいるだけなので――、諸々《もろもろ》の道を媒介にしてです。道に関して言うならば、日本人はだれでも一つの道を――たとえば水墨画の基であり、出発点である「書」道だけでも――学んでおり、一生涯これに従事しています。弓道は、すべての上級学校の生徒たちに随意に学ばれています。剣道も同様です。これらの諸道の「精神」に触れている人の数は、膨大なものです。これら諸道のすべては、それぞれの特性に応じて、多様な変容や程度において、仏教の精神をそれ自身受け入れているので、それらの人々への影響は、全く特定の一義的なやり方で表われるとは期待はできませんが。

これら諸道を修得することによって、あらゆる放下の下にある精神現在、行いを無心にする意志の忍耐力、無私の振舞いの中でも自己を確かに保っていることが獲得されるという見解が主張されることがあります。これらのことは正しいのですが、副次的なものです。禅‐仏教の雰囲気とはほとんど結びついていないので、それらは別の所では完全に別の前提の下で現われることが出来るものです。

「無私」の態度は、「自己」存在という西洋の文化とは違って、日本人の精神生活を、看過することなく特徴づけているものですが、簡単に仏教の成果だと見ることは出来ません。その根は、第一に日本人の「民族精神」に見るべきであり、自然と歴史に規定されており、仏教と関係を持つ以前の時代にすでに力を持って広がっていたものです。仏教が、その影響を及ぼし始めた時、一つの重要な足場が早くも仏教に保証されていたのです。日本民族は、仏教を自らに相応《ふさわ》しいものとして、精神的に自らに親和性あるものとして見たに違いありません。そして、この自然に目覚めた日本人の存在様式の根本的な特徴が仏教によって是認されるのを見た上で、それ以降、意識的に依然としてある態度をより深めていくということだけが残っていました。もちろんこれだけでも十分に大きな意味のあることですが。

「武士道的な」精神

しかし、そこに止まりません。日本人にとっては、彼らの民族的な現存在の自然なままの秩序へと支障なく順応するのは当然であるのみならず、その秩序のために、自己の実存を放下して犠牲にしても、そのことを仰々しく扱うことはありません。ここで初めて仏教の影響の成果と、仏教に根拠づけられた諸道の意識されていない教育的価値の成果が、明らかになります。

この内面的な光によって、死は、特に母国のために自ら進んで死ぬことは、崇高な聖別となり、あらゆる恐怖を根本からなくすのです。仏教とあらゆる真正な諸道の稽古が要求する沈潜とは、端的に言えば、世界から、そして自己から離れることが出来、無になること、まさにそのことによって無限に充実されることを意味します。このことは何度も修練され、現実に経験されるのであれば、いつでも理解される「思惟されたもの」としてでなく、意識して出された「決意」としてでなく、無となって「現実的に」在ることとして生きられるのです。このことは、沈潜そのものとなって、死をも、死へと赴くことを意識しても、少しも恐れない、かの放下した落着きを生み出します。人間として生きていることがしばらくの間だけで無になるのか、持続するのか、どちらの場合にも、無となって有ることを実現することに帰するのです。

ここに、かの「武士道的な」精神の根があります。日本人が、この精神を彼らの独自性として見ているのは正当なことです。その最も純粋なシンボルは、朝日の光の中で散りゆく桜の花です。静かに、内面の揺らぎもなく、自らを生存から解き放つことができること、これは、その終わりが始まりへと入っていく、あらゆる存在の、唯一ではないとしても究極の意味を実現し、露《あら》わにするのです。

弓道の精神を目に見えるようにする、〔本講演の〕この試みは、同時に、単に乏しい暗示に止まる試みだとしても、神秘主義の最も内奥の本質を「射中てる」一つの試みであったのです。

訳注

（1）本講演は、ベルリンでドイツ人を相手に話されたので、ritterlich（騎士的）としているが、内容はⅢの最後に述べられるように、日本の武士道を意味している。またKunstは術の意味であるが、ヘリゲルはⅠの冒頭部に述べるように、術に精神的意味を付した武道、芸道の「道」の意味で使っている。ヘリゲルが学んだ阿波研造《あわけんぞう》は、大正年間から弓術を排して弓道の語を使っていた。したがってKunstを「道」と訳すことにする。ただしkunstlos Kunstという表現の場合のみ、技術を超える意味を示すので、「術なき術」と訳すことにする。

（2）ここでは禅仏教のことが考えられているので、「茶禅一味」、「剣禅一致」、「弓禅一味」などのことを言っているようである。

（3）ここで思弁的な仏教と言われるのは、仏典の文献学的研究をして詳細な注釈をつけて解釈するというヨーロッパの仏教学研究で理解された仏教のことを指している。

（4）マイスター・エックハルトは、人間は「我」性から徹底的に脱却したところで、神の生命に甦《よみがえ》るとして「神性」(Gottheit) と一致すると言った。「仏陀」は真理に目覚めた人という原義で言われている。

(5) 鈴木大拙《すずきだいせつ》の英文著作"Essays in Zen Buddhism"(Vol.1-3, 1927-34) や、"An Introduction to Zen Buddhism"(1934) などを指す。ただし、『禅と日本文化』は一九三八年の著作で、当時まだ出版されていなかった。

(6) ヘリゲルはハイデルベルク大学で当初神学部に属していたが、哲学科に転じた。

(7) ヘリゲルは、ハイデルベルク大学に留学してきた大峡秀栄《おおはざましゅうえい》によって日本の禅を知った。「無心」に至る修行が今日なお行われていることに感銘を受けた。

(8) エックハルトは、我を「離脱」して神の生命に甦《よみがえ》る「神との合一」を説いた。

(9) ヘリゲルは、一九二四年五月から一九二九年七月まで東北帝国大学に在籍し、哲学・西洋古典語の授業を担当した。

(10) 妻グスティは武田朴陽《たけだぼくよう》(一八七五―一九三五年) に華道と墨絵を習った。武田は活《い》けた華を記録するため墨絵もよくした。武田については、『弓と禅』訳注(11) 参照。

(11) 阿波研造《あわけんぞう》は弓道八段教士、東北帝国大学弓道部師範。「弓禅一味」を唱え、ヘリゲル来日の前年の一九二三年に弓道による人間教育を標榜して「大射道教」

を設立していた。解説参照。

(12) 弓道の奥義を指す語で、阿波の「大射道教」から「大いなる教え」と表現したと見られる。

(13) ヘリゲル夫妻は毎週一回、阿波道場に通い、小町谷《こまちや》操三《そうぞう》の通訳で稽古を受けた。

(14) 打ち起した弓を両腕を下げながら左右に引き分けるにつれ、息を押し下げていくと下腹に圧力がかかり丹田《たんでん》を中心に力の中心が出来る。丹田を中心に両足からの力が両手に伝わるようになると全身一体で引き分けることが出来る。腕の力が抜けたまま弓が引けるのである。解説参照。

(15) 射手が意識的に放つのではなく、また弓圧で離されるのでもなく、自然に生じる「離れ」を厳密に経験するために、阿波は射手の心に即して「無心」になれと教えたのである。

(16) 主語を明確にして置くドイツ語表現では、「私が射る」ことであるのに、その「私」が無心、無我となるならば、一体誰が射るのかとするこの疑問から、以下、日本語の表現としては奇異ではあるが、「仏陀が射る」あるいは「それ」が射るという表現が生まれることになる。

(17) 阿波は、的中を競う弓を「弓遊病」で弓道に対する冒瀆《ぼうとく》だと批判していた。武田行男も技巧的な「韘《ゆがけ》ほどき」で的中させたが、ヘリゲル同様に弓を取り上げられたという。『弓と禅』訳注(30)参照。

(18) 本講演も『弓と禅』も六〇メートルと書いているが、これは弓道の遠的の距離であり、勘違いしていると思われる。通常稽古する近的は二八メートルであり、道場の的もこの距離に置く。

(19) ここには表現されていないが、ヘリゲルは的を見に行ったまま長い間道場に戻って来なかったので、阿波が的のところに行くとヘリゲルは声もなく座り込んでいたという。そして矢を抜かずに的ごと道場に持ち帰ったとのことである(安沢平次郎《あんざわへいじろう》が聞いた阿波談)。

(20) ヘリゲルは審査で五段、妻は二段を認められた。ここの叙述はヘリゲルの五段に関するもの。

(21) 阿波《あわ》自身も門下も松島《まつしま》の瑞巌寺《ずいがんじ》の盤龍《ばんりゅう》禅師に参禅していたことがあったので、ヘリゲルもこの寺で参禅した経験があったと思われる。遺稿『禅の道』では、禅の修行法についても記述している。

(22) 禅でよく言われる、「大死一番、絶後再甦」、「小我死して大我に生きる」の意味であろう。

弓と禅

1. "Zen in der Kunst des Bogenschiessens" (1948 / Otto Wilhelm Barth Verlag 26 Auf. 1986) の全訳である。ただし序言は初版(Cult Weller Verlag Koustanz) に拠《よ》る。この序言は、出版元が Otto Wilhelm Barth 社に移動しても第三版(一九五三)まで掲載されていたが、それ以降は鈴木大拙の序文に置き換えられたため、現在の版にはない。

2. 原文は十一の章に分けられているだけだが、分かりやすくするために、訳者が各章に番号と内容を示す題名、小見出しを付した。また原文の改行に加え、内容に応じ適宜改行した。

3. 場面に応じて、敬語や丁寧な表現を用いた箇所がある。

4. 元来の場面に即し、弓道の専門用語を用いて訳した箇所がある。

5. 訳者による補足は〔 〕で示し、背景の説明は訳注を付した。原文の注(原注)は[ ]で、訳注は( )で番号を付し、末尾にまとめて掲載した。

序言

一九三六年に雑誌『Nippon』に、「武士道的な弓道」という題で、ベルリンの独日協会で私が行った講演が載せられた。もちろん非常に控えめではあったが、この道《どう》と「禅」との間にある密接な連関を明らかにさせることが、私にとっての眼目であった。しかし、ここではより正確な確定とより現実的な鋭さを与えることが出来なかったので、私はこの試みが暫定的なものにすぎないことを十分意識していた。

それにもかかわらず、私の叙述は大きな関心を引き起こした。一九三七年には日本語に、一九三八年にはオランダ語に翻訳され、さらに一九三九年にはインド語への翻訳も計画されているという通知を受け取ったが、それ以来確認できていない。一九四〇年には小《こ》町谷《まちや》操三《そうぞう》教授の目撃談とともに、日本語の本質的な改訳が現われた[1]。

さきに鈴木《すずき》大拙《だいせつ》氏の重要な禅の書籍『大いなる解放』[2]（今や三版になっている）を出版するとともに、周到に企画された仏教叢書を刊行している、コンスタンツのクルト・ウェーラー社から、私の許《もと》に講演の新版に着手しないかと問い合わせを受けた時、喜んでこの申し出を受けたのであった。しかしながら、この「神秘主義的な」道において何が問題であるのかを、過ぎ去った十年間——それは同時に修練が進展した十年間を意味するが——を経て、内面的に一段と進め、以前よりよりよく、しかもより充実して言うことが出来るという確信を持って、新たな書き下ろしを決意したのであった。その際には、忘れがたい思い出や、かつての稽古の時間の後にその都度すぐに認《したた》めておいた覚え書きが、大いに役立った。そしてこの叙述において、師が語られなかった言葉は一言も見出《みいだ》せず、師が使われなかったイメージや比喩《ひゆ》はない、と私は言い得るのである。

私はここでは最も簡単な言葉を使って表現しようと努力した。それは禅が最もわずかな表現をするよう教え、促しているからだけでなく、全く簡単には言えず、不思議な合言葉《ジァーゴン》を借りないでは言うことが出来ないことが、私自身まだなお十分に明瞭《めいりょう》にわかりやすくなっていないという経験からでもある。

禅そのものの本質について書くことが、次の計画として私の念頭に浮かんでいる。

一九四七年七月　　　オイゲン・ヘリゲル

I. はじめに

弓道とは何か

初めて見たところでは、禅――これをどのように理解しても構わないが――を、弓を射ることと結び付けることは、とんでもないひどい扱いのように思われるに違いない。たとえ人が寛大な心で妥協して、弓を「道」《どう》(3)として際立てて見るとしても、この道の背後に、スポーツ的な能力以外の何ものかを求めることはほとんど思いも寄らないであろう。したがって、日本の弓術家の驚くべき業績について、何かを知ることができるだろうと思うであろう。彼らは、弓と矢の使用に関しては、何世紀にもわたって途絶えることなき伝統を引き合いにだすことが出来るという有利な点を持っている。というのは極東〔日本〕においては、数世代前から、いざという場合の古い格闘手段〔弓〕を近代兵器が排除してはいるが、弓の取り扱いは、それによっては断絶されず、さらにより広い範囲で親しまれるようになっている。それゆえ、人はおそらく弓が日本で国民的スポーツとして行われている特別なやり方について述べることを期待するであろう。

けれども、まさにこの推測ほど誤ったものはない。日本人は、道として尊敬し、遺産として敬意を払っている伝統的な意味での弓を、スポーツの一種として見るのではなく、さしあたって奇妙に聞こえるだろうが、一つの儀礼的な業《わざ》として理解している。そして、日本人は弓道の「道」を、主として肉体的な練習によって多少なりとも習得できるスポーツ的な能力ではなく、その根源を精神的な修練に求め、その目標は精神的に射中《いあ》てることにあると理解している。それゆえ、射手は根本では自己自身を狙い、そして自己自身に射中てることをおそらく達成するのである。

このことは、疑いもなく謎めいて聞こえる。なんだって、かつては生死を懸けた戦いとして真剣に訓練された弓術が、はっきりとしたスポーツに受け継がれずに、精神修養の一種になったと言うのであろうか。それなら、なお弓と矢と的とは何のためにあるのか。弓という男らしい古い術と、はっきりとした意味を否定して、その代わりに、空想的とは言わないまでも、曖昧なものに置き換えたことになりはしないか。

しかし、弓道の独特な精神は、弓がもはや血なまぐさい対決として実証されなくなって以来、それによって少しも歪められず、ますます確信的に現れてきたことを考えなければならない。その精神は、弓と矢の取り扱いにおいて新たに初めて持ち込まれる必要はなく、すでに常に弓に結びついていたものである。伝承されていた弓の技術は、武器としての役割を果たさなくなって以来、楽しい趣味になったというのではない。弓道の「大いなる教え」(4)は、もっと別のことを語っている。

それによれば、弓道は相変わらず生死を懸ける重要事であるが、それは射手の自己自身との対決であるという意味であり、対決のその意味は、退化した代償なのではなく、外へと向けられた全ての対決――たとえば生きた敵との対決――を担っている根底なのである。射手の自己自身とのこの対決において、弓道の隠された本質が初めて示されるのである。それゆえ、この道の伝授が、かつて武士の戦いの実践で要求されていた用い方が放棄された時になお、その本質的なものを少しも隠すことにはならない。

今日この道に専念する人は、その歴史的な展開から、あれこれ言うまでもない有利な点、すなわち「大いなる教え」の理解を、実践的な目標設定――たとえこれをそれ自身に対して隠しているにしても——によって、全く不可能にするのではないとしても、曇らせてしまおうという誘惑には負けないという有利な点を引き出している。というのは、〔道に〕達することは——この点においては弓道の達人たちの間で、時代を越えて一致しているのであるが——「純粋な」人、弓道以外の他の事には煩わされない人のみに許されているからである。

ここから、日本の弓の達人たちが、この射手の自己自身との対決をどのように見ており、表現しているかと問うならば、答えは完全に謎めいて聞こえるに違いない。というのは、彼らにとって対決は、射手が自己自身を狙い、また自己自身を狙わない、それによって自己自身を射中て、また射中てない。したがって、的を中てる者と的との、射中てる者と中てられるものとが一つである点にあるからである。弓の達人たちが好んで用いるいくつかの表現を使うならば、射手はあらゆる動作にもかかわらず、「不動の中心」となるということが大事である。その時、最も偉大にして究極のものが姿を現わす。術は術なきものとなり、射ることは射ないことになり、弓と矢なくして射ることになり、師匠は再び弟子となり、達人は初心者になり、終わりは始まりになり、始まりは完成になるからである。

極東〔日本〕の人にとって、このような不思議な定式は、透徹したものであり、よく知られているものである。これに対して、我々ヨーロッパ人にとっては、疑いようもなく全くの謎である。それゆえに、さらに一歩進めるよりほかはないであろう。

ヨーロッパ人の禅理解

かなり前から、我々ヨーロッパ人にとっても、日本の諸々《もろもろ》の道《どう》が、その内的な形式から言えば、共通の根、すなわち仏教を指し示していることは、もはや秘密ではなくなっている。このことが弓道にも当てはまるのは、水墨画、能楽道、茶道、さらに華道、剣道に当てはまるのと同様である。

これらすべての道は、ある精神的な考え方を前提としており、それぞれ独特のやり方に従って育成され、それぞれの最も高められた形式においては仏教特有のものであり、修行者の本質を規定しているものであると意識されている。明らかにここでは仏教そのものが言われているわけではない。ここでは、明白に思弁的な仏教――それは、理解可能と思われている諸文献によってヨーロッパ人だけが知っており、それどころか理解していると思っているものであるが――ではなく、「禅定」(Dhyana) 仏教、

日本で「禅」と呼ばれているものが問題になっているのである。(5)

この仏教は、第一の意味での思弁ではなく、存在するものの根拠なき根拠として、悟性によって考え出されたものではなく、はっきりとした紛れもない経験の後でも捉えることが出来ないものであり、人はそれを知らないことによって、それを知っているとしてほのめかすことが出来るだけのものである。この決定的な経験のために、禅仏教は方法的に修練された自己沈潜によって、魂の最も深い根底において、名付けようもない無底なもの、無相なものを意識しながら、それと一つになるところへと導かれる途《みち》をとる。

そしてこのことは、弓術との関わりで言えば、確かに仮の言い方であり、同様の理由によって慎重に考えるべきものであるが、次のような定式を意味することになる。すなわち、弓の技が道となり、もしそのようになるとすれば、術なき術として完成される精神的な修練は、神秘主義的な修練であり、弓を射ることは、したがって弓と矢による外面的なものではなく、自己自身で以《も》って何ごとかを成し遂げる内面的な意味を持つものである。弓と矢は、いわば弓矢なくしても達することが出来る何ものかへの手掛かりであり、ある目標への途であって、目標そのものではなく、究極の決定的なものと飛躍するための手助けに過ぎない。

このような事態に直面すると、もっと深く理解するためには、禅僧による叙述に頼る以外に望ましいものはない。事実、それがないわけではない。たとえば鈴木大拙《すずきだいせつ》氏は、その『禅仏教についての論集』(6)において、日本文化と禅とは最も内的に連関しており、それゆえ日本の諸々の道、武士の精神的態度、日本人の生活様式、日本人の道徳的、美的、さらにある程度まで知的な生活形式は、その独自性を禅的な基礎に負っており、それに慣れ親しんでいない人にとっては、十分に理解することが出来ないということを証明することが出来たのである。

きわめて重要な鈴木氏の著作——今日ではドイツ語でも読めるようになったが——や他の日本人研究者の研究が、大評判を呼んでいるのは当然である[1]。人は、次のことを喜んで認めるであろう。インドにおいて生まれた禅定仏教は、中国において決定的な変容を遂げ、完全に成熟して展開し、最後に日本において引き継がれ、今日に至るまで生きた伝統となっている。それゆえ、この禅は、人間的実存（Existenz）のこれまで予想もされていなかったあり様を生み出し、それを究極的に洞察することは、どれほど高く評価しても十分ではない。

しかし、禅について語ってきた人たちのあらゆる努力にもかかわらず、我々ヨーロッパ人にこれまで与えられた禅の本質への洞察は、きわめて乏しいものに止《とど》まっている。あたかも禅が自らに深く精通することを拒むかのごとくに、人が予感して明らかにしようと自己移入しても、ほんの何歩か進めば、克服しがたい暗闇に突き当たってしまう。通り抜けられない暗闇に包まれて、禅は、極東の精神生活が課している、解明することが出来ない、克服しがたいが魅力的な、最も不思議な謎として現われるに違いない。

禅についての叙述の可能性

この辛《つら》く感じられる近寄りがたさの理由は、ある点では、禅についてこれまでなされた叙述のスタイルに求められる。禅に理解のある人は、禅者が、彼を自由にし、変容させた経験を、彼がそれ以降生きている、考えることも言うことも出来ない「真理」を、表現しようと試みることを要求しない。禅は、この点においては、純粋な沈潜神秘主義と類似している。神秘主義的な経験に少しも与《あずか》らない人は、どれほどもがいても外部に止まっている。あらゆる真正な神秘主義が従っている法則は、例外を認めない。神聖に取り扱われている禅の原典が、ぜいたくな程溢《あふ》れているということも、この法則に反するものではない。禅の原典は、決定的な経験をしたと認められたあらゆる人にとっては、生命を与える意味を開示し、したがってこれらのテキストから、それらとは関係なく彼が持っており、それであることの確認を読み取ることが出来るという特性を持つのである。これに対して、経験していない者にとっては、それらは何も語らないのみならず、用心深い慎重さと自己を忘れるほどの献身で以ってそれらを扱おうとも、彼らは否応なく、救いのない精神的な誤りへと導かれてしまう。禅は、あらゆる神秘主義と同じく、自らが神秘主義者である人にとってのみ、したがって、神秘主義的な経験のみが与えるものを、別の方法で不当に手に入れようと誘惑されない人にとってのみ、理解可能なのである。

しかし、禅によって変えられた者、すなわち「真理の火」によって浄化された者が、あまりにも確かな生活をしていることを、見ないわけにはいかない。予感に満ちて突き進んでいく精神的な親和性から、最も偉大なるものを働かせるところの名付けようもない力への通路を見出《みいだ》そうとしている人——というのは単なる好奇心が強いだけの人は権利も要求も立てられないけれども——が、禅者が少なくとも目標へと導くための途を描いてくれることを期待することは、不遜なことではない。神秘主義者でも、禅者でも、最初の一歩で、すでに完成した時の者であるのではない。いかに多くのものを、彼は克服しなければならず、自らを後にしなければならないのか、そうしてついに真理に出会うのである！　途中では、不可能なことを手に入れようとしているという絶望的な感情が、いかにしばしば彼を苦しめることであろうか。にもかかわらず、この不可能なことが、ある日可能になる。しかも自明であったかのように。それゆえ、この長い苦難の途の叙述が、人がそれをあえて行えるものだろうかと、少なくとも問うことを許すという希望を、容《い》れてくれる余地はないであろうか。

このような途と〔途中の〕段階の叙述は、禅者の原典においてはほとんど完全に欠けている。このことは一方では、まさに禅者が決定的な点において、この上なき生への導きを与えるのに抵抗することに関連している。〔真理を〕経験した師匠の良心的な指導なくして、この途を採れないことを、達人の助けなくして、それを完成することが出来ないことを、彼は最も独自な経験から知っている。他方では、彼にとって決定的なことは、彼の体験、克服、変容がまだ「彼のもの」である限り、常に再び新たに克服され、変容されなければならない、彼のものすべてが無になるまで。というのは、そうして初めて「包括的な真理」として、もはや日常的で個人的な生ではない、生を目覚めさせる経験への基礎が得られるからである。もはや彼が生きるというのではないことによって、生きるのである。

ここから、何ゆえに禅者が彼自身と彼自身の変容の途について語るのを避けるのかが分かる。禅者が、それを厚かましい饒舌《じようぜつ》だと見るからではなく、禅への裏切りだと見做《みな》さなければならないからである。禅そのものについて、何事かを述べようと決心することと自体、すでによくよく考えなければならないことである。最も偉大な師が、禅がいかなるものであるかという問いに対して、あたかも聞こえなかったかのようにじっと黙っていたということを思い起こすことが、どれほど警告になっていることであろうか。それなのに禅者が、彼自身について、彼がすでに打ち捨て、失ったことを何とも思わないことに関して、あれこれ言おうという誘惑にかられるであろうか。

本書の叙述

このような現状を考えれば、私がこれ以上逆説的な物言いをし、大言壮語の言葉で済ませようとするだけならば、私自身の責任を果たせないであろう。そこで私は、禅の本質を、禅によって影響されている諸々の道の一つに実現されているあり様において、明らかにしたいと思う。

このように明らかにすることは、確かに禅にとって根本的なこの言葉の意義を解明するものではないが、少なくとも見通しがきかない濃霧の後ろに視線から隠された何物かがあることを、稲妻の光が遠くの雷を告げるように示すであろう。弓道は、そのように解されれば、いわば禅の予備門（Vorschule）を表わす。さしあたって〔弓道という〕全く具体的に実行できることにおいて、それ自身ではもはや捉え得ない出来事〔禅〕に見通しをつけることが可能になるのである。事柄に即して見れば、先に述べた諸道のどれからでも、禅の道への一つの道を拓《ひら》くことが可能であろう。

しかし私は、弓道の一人の弟子が歩んだ途を記述することによって、私の意図を最も有効に達成することができると信じる。より正確に言うならば、私の日本滞在中、この道の最も偉大なある達人から受けた、ほとんど六年間にわたる稽古について報告することを試みようと思う。私の経験が、この企てをする権限を私に与えてくれる。

しかし、少しでも理解されるためには、この予備門がすでに十分謎めいたことを蔵しているので、私が、大いなる教えの精神に精通する前に、私が克服したあらゆる抵抗と、私が乗り越えねばならなかったあらゆる障害を詳しく思い出す以外にはない。心に秘めている目標を達するためには、他の途がないので、私自身について報告するのである。同じ理由から、より明らかになるように、本質的なものの叙述にのみ限ることにしたい。私は、稽古が行われた環境を描写したり、思い出がある諸々の場面を描いたり、とりわけ師匠の姿を特徴づけたりすることを断念する。これらすべてのことは、大層魅力的なことであるが、ひたすら弓道のことだけを問題とすべきであろう。弓道を学ぶことよりも、それを叙述することは、より困難なことではあるが、叙述は、その背後に禅が息づいている、かの最も遠い地平が見えるようになり始める場所にまで至るべきであろう。

II．弓道を学び始めた経緯

神秘主義研究から禅への関心

何ゆえ、私が禅に関心を持ち、〔禅を知るという〕この目的のために、まさに弓道を学ぼうと思ったのか、説明が必要であろう。

私は学生時代からすでに、不思議な衝動に駆られて、神秘主義を熱心に研究していた[7]。そのような関心がほとんどない時代の風潮にもかかわらずに。しかし、いろいろ努力を尽しても、私は神秘主義の文献を外から取り組むよりほかなく、神秘主義の原現象と呼ばれていることの周りを回っているだけであることを意識し、あたかも秘密を包んでいる周りの高い壁を越えて入ることができないということを、次第に悟るようになった。神秘主義についての膨大な文献においてすら、私が追求しているものを見《み》出《いだ》せず、次第に失望して、落胆して、真に離脱した者のみが、「離脱」ということが何を意味するかを理解できるのであり、自己自身から完全に解かれて、無になって抜け出た者のみが、「神以上の神」と一つになる準備ができるようになれるのだろうという洞察に達したのであった。(8) それゆえ、私は、自らが経験すること、苦しみを味わい尽すこと〔修行〕以外には、神秘主義に至る途《みち》はないこと、この前提が欠けている場合には、神秘主義についてのあらゆる言明は、単なる言葉のあげつらいに過ぎないということを悟ったのである。

しかし、人はいかにして神秘主義者になれるのか。どうしたら単にそう思うだけでなく、離脱という状態に実際になれるのだろうか。偉大な達人〔マイスター〕たちと何世紀も隔たって離れてしまった者にとっても、全く違った諸関係の下で育ってきた現代人にとっても、神秘主義へ至る途がなお存在するのであろうか。

私の問いに対して、少しでも満足できる答えはどこにも見出せなかった。目標へ導くと約束する途の階段や途中の段階について聞き知るようになったのではあるが。目標に行くためには、一段だけでも師の代わりとなるような正確な方法的な教えが欠けていた。しかしこのような教えは、もしあったとしても、それで十分であろうか。このような教えによっては、せいぜいのところ、それが最善の方法論であったとしても、どうにもならないということを受け容れるようにするだけなのではないか。神秘主義的な経験は、人間がどんなに思い願っても、こちらへもたらされ得ないということではないのか。いかにして、それに手掛かりをつけようか。私は自らが閉ざされた戸の前に立っていることに気づいたが、繰り返し戸を揺さぶることをやめることもできなかった。しかし憧れは残っていた。うんざりしてはいたが、この憧れに対する強い思いはあったのである。

それゆえ、ある日、——私はその間に私講師になっていたが——東北帝国大学で哲学史を教える意志があるかという要請を受け取った時、日本の国土と民族を知るようになる可能性が与えられるのを喜んで受け入れた。それによって仏教に、〔禅仏教の〕沈潜の実践と神秘主義に関わり合える見通しが開かれるというだけでも、すでに大変喜ばしいことだった。というのは、日本には、注意深く守られてきた禅の伝統と生きた育成法が存在し、何世紀もの間試されてきた指導の道があり、少なくとも魂の導きの道において、驚くべき経験を持つ禅の師家がいることを、すでに聞いていたからである。(9)

禅の予備門としての弓道修行

私は〔日本に着いて〕新しい環境に何とか慣れるとすぐに、私の宿願を実現しようと心を配った。[10]しかしながら、さしあたって困惑するような忠告を受けた。これまでヨーロッパ人はまだ誰一人、禅について真面目に努めていなかったし、禅自体は〔教外別伝として〕「教え」のほんのわずかな名残りすらも拒むものであるから、禅が私を「理論的に」満足させるなどと期待することはできないだろうと言われた。私が、何ゆえに非思弁的な禅に関心を持ったのかをよく理解してもらうまでに、多くの時間が費やされた。そこで、人々が教えてくれたのは、ヨーロッパ人にとって、彼らとは最も遠い極東の精神生活の領域に入り込むことは望みがないことである、ただし、禅と関係している日本の「道《どう》」を学ぶことから始めるなら別であるが、ということだった。

一種の予備門を修するという考えは、私をひるませなかった。禅に少しでも近づけるという希望があるのであれば、どのような譲歩も厭《いと》わなかった。それ自体、苦労が多い回り途だったとしても、全く途がないよりもはるかに良いように思われた。この目的のために名前を挙げられた諸道の中から、どの道に私は専念すべきであるのか？私の妻は、大してためらうことなく生け花と墨絵に決めた。[11]他方、私は弓道が気に入った。後に全く誤った見込みだと分かるが、私の小銃とピストルの射撃の経験が有利に働くと思ったからである。

私の同僚の一人、法学教授の小町谷操三《こまちやそうぞう》氏——彼は二十年以上弓道の稽古をしており、大学においてこの道を最もよく知った人と見なされていた——に、彼の師で、有名な達人である阿波研造《あわけんぞう》師に、私の弟子入りを頼んだ。

師は、私の願いを最初は断られた。というのは、彼はかつて一人の外国人を指導するよう請われたことがあったが、その時ひどい経験をさせられた。それゆえ、この道特有の精神を繰り返し説くことをしないという譲歩を、弟子に二度とするつもりはないとのことであった。

師が自らの仕事をそのように真剣に考えておられるが、私もこの道を楽しむためではなく、「大いなる教え」のためにこそ学びたいのであるから、私を師の最も若い弟子として扱ってもらっていいと誓って初めて、師は私を弟子として受け入れてくれた。同時に妻も弟子入りした。というのは、女性がこの術を稽古することは、日本においては昔から普通のことであり、それに加えて師の奥様と二人の御嬢さんも熱心に稽古していたからである。

かくて真剣で厳格な稽古が始まった。嬉しいことに、私の友人の小町谷氏は、我々のために熱心に力を尽し、ほとんど保証人になってくれ、同時に通訳として加わってくれた[12]。

さらに私には、妻が受けていた生け花と墨絵の稽古に、いわば聴講生として同席するという好都合な機会が与えられ、あれこれと比較したり、補ったりして、より広い理解を得られるようになるという希望も与えられたのである[13]。

III. 稽古の第一段階──引き分けと呼吸法

弓道の稽古始め

術なき術の道は容易ではないということを、我々は最初の稽古から経験しなければならなかった。

師匠はまず日本の弓を示して、特にその独自の構造と製造に使われている材料、すなわち竹から、弓の並外れた張力を説明された。さらに約二メートルの長さがある弓の非常に高貴な形を我々に注目させることが、師にとってははるかに重要と思われているように見えた。弓は弦が掛けられて初めて使えるようになる。その形は、弓の弦が強く引き伸ばされる程、驚くほど際立ってくる。弦が弓が許容する範囲にまで十分に引かれると、弓は「一切」を自らの内に閉じ込める。まさにそれゆえに、正しく引くことを学ぶことが大事であると、師は説明しながら付け加えた。

そして、師は彼の弓の中でも最もよく、最も強い弓を取って、きわめて厳粛な態度で、ほんの少し引っ張った弦を何度か勢いよく弾《はじ》いた。それによって音が生じた。鋭い弾きによる音に混じって、深い響きが生じた。一度聞けば、決して忘れないであろう、それだけ独特な響きで、抗しがたく心を掴《つか》まれる。弓には昔から悪霊を祓《はら》う秘めたる力があると信じられてきた。この思いが日本民族全体に根を張っていることが、よく理解できた。

力を抜いた引き分け

この意義深い入門の、純粋で神聖化された儀式の後、師はよく観ているようにと言われた。師は、矢を番《つが》え、弓を、全てを自身の内に摑むという要求に耐えられないのではないかとはらはらするほど大きく引いてから、射た。これらすべては、大変に美しく、何の造作もないように思えた。それから教えられた。

「あなた方も、同じようにして下さい。その際、弓を射ることは、筋肉を強めるためではないことに注意して下さい。弦を引くのに、全身の力を使ってはなりません。ただ両手にだけ仕事をさせるようにして、腕と肩の筋肉は、力を抜いたままで、あたかも何も関与していないかのように見ていることを、学ばなければなりません。

このことが出来て初めて、弓を引き、射ることが『精神的に』なる条件の一つを達成するのです」

このように言われた後、師は私の手を執って、ゆっくりと動きの諸段階を通して指導された。(14) これから行われなければならない動きに、感覚的に慣れるように。

すでに最初の試みから、中くらいの強さの稽古弓でも、弓を引くためには、力を、それも相当の肉体的な力を費やさねばならないことに私は気づいた。日本の弓は、ヨーロッパのスポーツ弓のように、いわば弓の中に自らを引き入れられるように、肩の高さで固定することはできない。

弓は矢が番えられるやいなや、腕をほとんど伸ばしたまま高く打ち起され、射手の両手は頭の上へくる。両手は左と右に均《ひと》しく引き分けられる以外になく、〔弓を引き下ろして〕両手がより深くなるように移るにつれ、相互に離れる。カーブを描きながら、弓を持った左手は、眼の高さで伸ばされた腕の先にあり、これに対して曲げられた右腕で弦を引く右手は右の肩の関節の上にあり、その結果、ほとんど一メートルの長さの矢は、その先端だけがほんのちょっと弓の端から外へ出る、それ程弓の引き分け幅は大きい。この姿勢で、射手は、射《しゃ》を発するのが許されるまで、少しの間、満を持していなければならない⒂。

　この慣れないやり方で弓を引き絞っているためには、力を使うことが必要になり、ほんの数瞬後には、すでに私の両手は震え始め、呼吸は苦しくなり、いっそう困難になった。次の週が経過しても、このことは変わらなかった。引き分けは辛《つら》い仕事で、熱心な稽古にもかかわらず、いっこうに「精神的」にはなりそうにもなかった。私は自らを慰めるために、これは何かコツがあるに違いない。師は何らかの理由で、それを漏らされないが、私はこのコツを発見するぞという野心を持っていた。

　私は、自分の目論見《もくろみ》にしつこくこだわって、さらに稽古した。師は私の努力を注意深く見守り、私のぎこちない姿勢を落ち着いて修正し、私の熱心さを褒め、力を使うのを注意したが、後は私のなすままに任せていた。弓を引き分ける際には、師はそうこうする内に知ることになったドイツ語の"gelockert!"⒃（「力を抜いて」）と叫びながら、繰り返し（力が入っている）痛い所に触れた。辛抱つよく礼儀正しさを失うことなく。しかし、私の方が辛抱できなくなり、教えられたやり方では弓を一度も引き分けられないことを私は白状しなければならない日が来た。

師は私に教えられた。

「それが出来ないのは、あなたが正しく呼吸していないからです。息を吸った後、息を静かに押し下げなさい。腹壁が程々に張るようになると、少しの間保ちなさい。それから出来るだけ長く同じ調子で息を吐きなさい。少し休んで、勢いよく空気を吸います。——息を吐いたり吸ったりするリズムは次第に自然に決まってきます。

呼吸が正しく出来るようになれば、弓を射るのが日に日に楽になることに気づくでしょう。この呼吸法によって、あなたはすべての精神的な力の根源〔丹田《たんでん》〕を発見するのみならず、力を抜けばそれだけ、この源泉から力がより豊かに流れ出し、より容易に四肢に注がれるようになるでしょう[17]」

その証拠に、師は強い弓を引き分け、背後にまわって、彼の腕の筋肉に触れてみるように求めた。師の腕の筋肉は、事実、引き分けていながら、何の仕事もしていないかのようであった。

さしあたり弓と矢を持たずに、呼吸の新たなやり方が十分うまく行くまで稽古した。最初は軽いめまいが生じたが、それはすぐに克服された。師は、息を出来るだけ長く、常に流れるように吐いていき、徐々になくなるようにすることに重点を置いて、呼吸の稽古とコントロールのために、スゥーという音と結び付けるようにした。そして息を吐き切って音が消えて初めて、再び空気を吸うことが許された。

師は、ある時に言われた。

「息を吸うことは結び、結び付ける。息を保つ間に、すべて正しいことが生じ、息を吐いて、あらゆる制限を克服して、解放し完成する」

けれども我々は当時はこのことを理解できなかった。

師は、この呼吸法——それ自身のためだけに稽古していたわけではなかった——を、すぐに弓を射ることに関係づけた。弓を引き分け、射るという一事は、弓を執る——矢を番える——弓を打ち起し——引き分け——一杯に引き絞って満を持す(会《かい》)——射を発する——に分節された[18]。これらは、息を吸うことにより始められ、押し下げられた息を保つことによって担われ、息を吐くことによって完結する。その際、次のことが結果として生じた。呼吸が個々の分節と操作に意義深く強弱をつけるだけでなく、その呼吸能力の状態に応じて、次から次へ共に相まってリズムのある構成になっていく。このように分節されるにもかかわらず、弓を射ることは、全くそれ自身からそれ自身において生きた一つの業（Geschehen）のように感じられ、体操的な練習からは、最も遠く離れており、比較できないものである。体操的な練習なら、どこかの部分を置き換えたり、除いたりでき、そうしても、その意味や性格を損なうことはないが、それとはまったく異なるのである。

私は、かの日々を振り返ると、呼吸法が効果を現わすまでは、最初はいかに困難に感じていたかを思い出さざるを得ない。私は、確かに技術的には正しく呼吸をしたが、弓を引き分けた時に、腕と肩の筋肉は力が抜けたままであるように注意しようとすると、まるで固定した支えと確かな足場に頼るかのように、アンタエウス[19]さながら、あらゆる力を大地から取り入れるように、私の脚の筋肉は思わずこわばっていたのであった。師は、しばしば稲妻のように素早く飛びついて、一方のあるいは他方の脚の筋肉の〔力が入っていて〕特に敏感な箇所を痛くなるほど押す以外には方法がなかった。

私が力を抜こうと一生懸命努力していると言い訳をした時に、師は答えられた。

「それが問題です。あなたがそうしようと考え、努力していることが。あなたは呼吸をするほかに何もしないで、ひたすら呼吸することに集中しなさい！」

私が師の要求することをうまく出来るようになるまでには、確かにかなりの時間がかかったが、ついに成功した。私は、呼吸に苦もなく没頭することを覚え、自分が呼吸するのではなく、奇妙に聞こえるかも知れないが、呼吸させられているという気持ちを持つまでになった。後から振り返って考えてみると、西洋的な観念には反しているが、師が約束していたことは、呼吸することにかかっていたことは、もはや疑いようもなかったのである。

時折、そして時の経つにつれてしばしば、身体の力を完全に抜いて弓を引き分け、発射まで引き絞っていることがうまく行くようになったが、どうしてそうなるのか私には言うことが出来ない。ただ少ないながらもうまくいった試技と依然として多い失敗の試技との質的な相違は非常に確かなものなので、弓を「精神的に」引くことが何を意味するのか、今やようやく理解するようになったと認められるようになったのである。

それ故、これが事の真相であった。私がかつて暴こうと試みて無駄であった技術的なコツなのではなく、自由にして新たな可能性を開いたのは、呼吸法だったのである。私はこのことを軽々しく言うのではない。このような場合には、それが普通ではないという理由だけで、強い影響に屈して自己欺瞞《ぎまん》に囚《とら》われて、ある経験の影響範囲を過大に評価する誘惑に近づきやすいものだということを私は知っている。けれどもあれこれ思い巡らせて言うのを避けたり、冷静に差し控えておこうというのに逆らって、この新しい呼吸法によってもたらされた結果はあまりに明らかでおのずから語るものであった。というのも、時が経つにつれ、私自身が師の強い弓を力を抜いたまま引き分けることが出来るようになったのであるから。

ある時、小町谷氏と詳しい話し合いをした時に、私は尋ねた。

「何ゆえに、師はかくも長く、弓を『精神的に』引き分けようと、私が徒《いたずら》に骨を折るのを、眺めていたのでしょうか。何ゆえに、師は初めから正しい呼吸法を要求しなかったのですか」と。

彼は答えた。「偉大な師は同時に偉大な教師でなければなりません。このことが一体であることは、我々においては、全く当たり前のことです。もし師が呼吸の訓練から稽古を始めたならば、あなたは決定的なことを得たのが呼吸法のお蔭《かげ》であることを納得できなかったでしょう。あなたは、最初にあなた自身の試みによって難破しなければならなかったのです。師があなたに投げる救命浮輪を摑む準備が出来る前に。

信じて下さい。私は自分自身の経験から、師はあなたや弟子のそれぞれを、我々が我々自身を知っている以上にずっとよく知っているのです。師は、弟子の魂の内を、弟子がそうだと思っているよりずっとよく読まれているのです」

IV. 稽古の第二段階――離れの課題

稽古の最初の成果

一年かかって、弓を「精神的に」、すなわち力強くしかも筋力を使わずに引き分けることが出来たということは、決して驚くべき成果ではない。しかし、私は、それだけでも満足していた。何ゆえに、人が体系立った自己防御――敵の不意の激しい攻撃に対して、力を使わずにしなやかに受け流して、敵の力を敵自身に返すようにして、敵を倒すという術を、「柔道（やわらの道）」と表わしているのか、またはるか昔から、よけても、決して退かない水をその原像だと見なしているのか、さらに老子《ろうし》が、正しい生き方は、全てに合わせながら、全てを自らに適応させる水と同じであると深い意味で言うことができたのか、を理解することが出来た。

その上、師の流派では、最初に簡単に出来た者ほど、後にはむしろ一層難しくなるという格言が広まっていた。私は最初にまさしく苦労した。それゆえ、私は、これから生じる全てに関して、その困難さはぼんやりと予想していても、うまくいくだろうと期待してもよいのではないかという見通しを持たなかっただろうか。

正しい離れの課題

次は、射《しゃ》の離れが課題であった。それまでは、行き当たりばったりにやっても構わなかった。それはいわば稽古の枠外で、括弧に入れられていた。矢はどうなろうと、どうでもよかった。矢は、的と砂の垜《あずち》〔的を置く矢留めの砂の土手〕の代わりの麦わらを締めた円筒〔巻藁《まきわら》〕に向かって射られたので、突き刺されば、それで十分であった。せいぜい二メートルの距離で向かっているので、巻藁に中《あ》てることは大したことではなかった。それゆえ、私はそれまで、満を持して待っていることが耐えられなくなった時に、弦を単に放していた。互いに引き離れた両手がもはや引き寄せられないならば、〔弓圧に〕負けると感じられる時に。

その際、引き絞っていることは決して痛くはなかった。親指のところで、硬く、厚い詰め物をした革の手袋〔韘《ゆがけ》〕が、弦の圧力を親指に負担と感じないようにし、それで満を持して引き絞って保つことが短くならないようにしているのである。引き分ける時には、親指は、弦を巻いて矢の下に〔差し込んで〕折り込んでおり、その親指を、人差し指、中指、薬指が、上から〔押さえて〕しっかりと包んでいる[20]。それによって、同時に矢にも確かな支えができる。射の離れは、親指を包んでいる三本の指が開かれ、親指を自由にする。弦の力強い引きによって、親指はこの〔押さえられた〕状態から引き離され、伸ばされて、弦はビューンと音をたて、矢は飛んでいく。

それまでは、私は強い反動なしに射を放てず、自分でも感じられるし、目にも見える全身の衝撃が現われ、弓と矢もその中に引き込まれた。それでは、なめらかな、とりわけ確実な射が出来ないことは当然である。射がぶれるのは避けられなかった。

師はある日、私が弓を力を抜いて引き分けていると認められた時に、言われた。

「あなたがこれまで学ばれたすべてのことは、射の離れの準備に過ぎません。我々は今や新たに、特別に難しい課題の前に立っています。同時に弓道の新たな段階に来ています」

この言葉の後、師は彼の弓を引いて、射られた。師の右手は突然〔弦から離れて〕開かれ、引き分けから自由になって後ろに弾《はじ》かれたが、身体には少しの動揺も現われなかった。右手は射の前には、鋭角を描いて曲げられていたのが、勢いよく開かれ、

やわらかく伸びていった。避け難い反動はやわらかく受け止められ、消されていた。(21)

もしも射放つ力が、弦の弾き返る鋭い衝撃と矢の貫通力に現われないならば、人は射るという業《わざ》の背後にその力があるとは思わないだろう。師においては、射の離れは、あたかも遊びのように単純で、取り立てて言うほどのこともないように見えた。力強い業を造作なくやることは、疑いもなく見ものである。その美しさに対して、まことに東洋人はきわめて敏感であり、感嘆しているものである。

しかし私には――当時の私の段階では、他のことは理解できなかったが――、的中の確かさは、なめらかな射の離れに掛っているという事情がより重要なように思われた。小銃の射撃の経験から、照準線がぴくぴく動くと、逸《そ》れてしまい、ほんの少しでも動くといかに重大な結果となるかを知っていたからである。今まで習ってきたことは、私にとっては、この観点から理解された。引き分けの時に力を抜いていることも、力を抜いて引き絞って満を持していることも、力を抜いての射の離れも、これらすべては、中《あ》たりの確かさのために、まさにそのためにこそ、かくも多くの苦労と忍耐で射を学んできたのではなかったか。しかし、それならば師は何ゆえに、今まで稽古して来たことと通例の〔技術的な〕ことの全てを越えて、もっと先にある出来事が今こそ大事であるように言われたのであろうか。

ともかく、私は師の導きの通り、熱心に誠実に稽古したが、すべての努力は無駄であった。私にとって、まだ運を天に任せて射ていた時の方が、まだよい射ができていたように思われた。とりわけ今や右手を開くのが、さしあたって親指と上から押えている指が緊張してうまくいかないことに気が付いた。結果は射の瞬間の反動となり、それが射をぶれさせた。私は、反動を突然解放された手を弾くようにして受け流すことがまったく出来なかった。師は根気よく、正しい射の離れをやってみせて下さった。私も根気よく師と同じようにやろうと試みた。——その結果、私はますます不確かになるだけだった。私にとっては、百足《むかで》が、どういう順番で足を動かそうかと頭を働かせると、もはや動くことが出来なくなったという話と同じような気がした。[22]

私の失敗を、師は私ほどには驚いてはいないことは明らかであった。経験から、そうなることを知っていたのだろうか。

「あなたは何をしなければならないかと考えてはなりません。どのようにそれをすべきか、あれこれ考えてはなりません」と、大声で言われた。

「離れは、それが射手自身を驚かせるような時にのみ、なめらかになります。弦をしっかりと持っていた親指を突然に切断するかのごとくでなければなりません。それ故、あなたは右手を意図的に開いてはなりません(23)」

何週間も何か月も実りのない稽古が続いた。師の射のやり方から、私は繰り返し正しいやり方が分かり、正しい射が何たるかも知ることができた。ただ私には少しもうまくいかなかった。私は引き分けた時、空しく発射を待ちながら、引き分けに耐えられなくなり始めると両手は次第に近づいて、そもそも射にならなかった。引き分けにへとへとになって呼吸が消えるまで抵抗していると、私は腕と肩の筋肉の助けを借りる他なくなった。その時、確かに動かないで立っていた――彫像のようだと師はからかった――。けれども身体はこわばってしまい、力が抜けた状態は消え去っていた。

師との対話

おそらく偶然か、あるいは師が意図的にされたのか、ある日、我々はお茶を一緒に飲む機会があった。

私は話をするのに願ってもない好機を摑《つか》まえて、心の内を打ち明けた。

「私は、手が衝撃的に開かれては、射が台無しになることはよく分かります。けれども私はうまくしようとしても、いつも逆になります。私は可能な限り、しっかりと手を閉めていると、開く時に反動が避けられません。反対に手をゆるめると、弦は完全に引き分けられる前に、確かに思いがけずにですが、あまりに早く生じます。この二つのうまくいかないやり方の間で、私は右往左往しており、出口が見えないのです」

師は答えられた。「あなたは引き分けられた弦を、いわば赤ん坊が、差し出された指を摑むように、摑んでいなければなりません。赤ん坊は、いつも小さな拳を驚くほどぎゅっと握っています。しかも指を離す時には、少しの衝撃もなく離します、何故だかお分かりですか。赤ん坊は何も考えないからです。——今私が指を離します、いわば何か別の物を摑むためという風に。あれこれ全く考えずに、意識しないで、一つのことから他のことへと変わるのです。赤ん坊は物と遊んでいる、——物が赤ん坊と遊んでいるとまでは言わないとしても——と言わなければならないでしょう」

「この比喩で指し示そうとされていることは、多分私にも分かります」私は言い添えた。「けれども私は全く違う状況にあるのではないでしょうか。私は弓を引き分けている時に、射が生じなければ、引き分けにもはや耐えられないと感じる瞬間が来ます。その時、思いがけず何が生じるか。息切れが私を襲うだけなのです。私はもはや待つことが出来ない故に、そうせざるを得ないように、射を放さざるを得ないのです」

師は答えられた。「あなたは、どこに困難があるかをよく述べられました。何故、離れを待つことが出来ないのか、射が生まれる前に何故息切れしてしまうのか、御存じでしょうか。正しい射が正しい瞬間に起らないのは、あなたが自己自身から離れていないからです。あなたは引き分けていくのに、充実を目指してではなく、失敗を待っているのです。そうである限り、あなたとは関係がなく生じる業をあなた自身で呼び起こす以外の選択しか残っていないのです。あなたがそれを呼び起こす限り、正しいやり方——赤ん坊の手のようには、手を開けないのです。熟した果実の皮のように、手はぱっと開かないのです」

私は師に、この教えが一層混乱させたと告白せざるを得なかった。

「というのは、結局」と、私は再考を促した。「弓を引き、射を放つのは、的に中てるためです。それ故、引き分けは、目的のための手段です。この関係から目を逸《そ》らすわけにはいきません。赤ん坊はそれを知りません。私はこの関係を除外するわけにはいきません」

「正しい道は」と師は大きな声で言われた。「目的がなく、意図がないものです。あなたが、的を確実に中てるために、矢を放すのを習おうと意欲することに固執すればするだけ、それだけ一方もうまくいかず、それだけ他方も遠ざかるのです。あなたがあまりに意志的な意志を持っていることが、あなたの邪魔になっています。意志で行わないと、何も生じないと、思い込んでいます」

「しかし、先生自身はしばしば言っておられるではありませんか」私は言葉を差し挟んだ。「射は決して気晴らしではなく、目的のない遊びではない。生と死がかかる重大事だと」

「私は、ずっとそうです。我々弓の師範は言っています。『一射絶命！』と。このことが意味することを、あなたは今は理解できないでしょう。けれどもおそらく、これと同じ経験を表現した別の喩《たと》えが助けになるでしょう。

我々弓の師範は言います。弓を射ることは、弓の上端で天を突き刺しており、弓の下端では、大地が絹の糸でぶら下がっている。射が強い反動で放たれれば、糸を切ってしまう危険があります。意識して行うことと力ずくであるために、断絶は決定的になり、人間は、天と地の間の真ん中に救いがたく取り残されます」

「それでは、私は何をすべきでしょうか」私は考え込みながら、尋ねた。

「あなたは正しく待つことを学ばなければなりません」

「このことを、人はどのように学ぶのでしょうか」

「あなたは、自分自身から離れることによって、これらすべてのことをきっぱりと止めれば、意識しないで引き分けていること以外、何も残っていないのです」

「それならば、意識的に意識しないようにならなければならない」と、つい、私の口から漏れた。

「弓を引く者は誰もそんな風に尋ねたことはありません。だから私も正しい答えを知りません」

「この新しい稽古は、いつ始まりますか」

「時が熟するまで、お待ちなさい」

V. 無心の離れ——「精神現在」

稽古の中の行き詰まり

この対話——稽古が始まって以来、初めての本格的な対話だった——が、私を非常に驚かせたことは、言うまでもない。今やついに、私が弓道を学ぼうとした正《まさ》にその主題に触れたのである。師が語られた、自己自身から離れることは、〔神秘主義が言う〕無や離脱への道にあるのではないか、それ故、私は、弓道に対する禅の影響が感じられ始める地点へ達したのではないか。

意識なく〔無心に〕待つことが出来ることが、引き絞って満を持した正にその瞬間におこる射《しゃ》の離れとどのような関係にあるのか、私にはさしあたり分からなかった。けれども、何のために経験のみが教えられることを、考えだけで先取りしようとしてしまうのか。この不毛な傾向を捨てる最高の時ではなかったか。いかにしばしば私は、子供のように師によって手を執られて指導されている多くの弟子たちを、内心で羨ましく思ったことか。[24] 何のこだわりもなく、このように行えることが、いかに幸せであることか。このような態度は、決して無関心や精神的な無気力に導くとは限らない。けれども子供だとしても、もう少し尋ねてもよいのではないか。

次の稽古の時間も、師は従来からの稽古――弓を引き分け、一杯に引き絞って満を持して保ち、射を放つ――を続けた。私はがっかりした。しかし、師が説明されたことも、どうにも助けにならなかった。確かに私は師の指導に従がって、〔弓の〕張力に負けてしまうのではなく、あたかも弓の性質によって限界というものがないかのように、それを越えていこうとした。確かに引き分けて、射において満を持すると同時に放たれるまで待とうと決心した。けれどもやってもやってもうまくいかなかった。〔離れを〕待ち望んだり、引き起したり、ぶれたりしていた。

この稽古をこれ以上続けていくことは、成果がないばかりではなく、失敗するという予感が先立ち、繰り返すのが負担になって危険になってきた時に初めて、師はこれを打ち切って、完全に新しい一連のことを始められた。

精神集中の稽古法

「あなたは稽古にやってくる時には」師は注意した。「途中で、すでに心を集中していなければなりません。この道場で行われることに焦点を合わせるのです。〔周りの〕すべてのことに気を取られずに、通り過ぎなさい。あたかも世界に重要で現実的なことはただ一つ、すなわち弓を射ることだけであるかのように！」

自己自身から離れる道を、師は幾つかに分節されたが、それらは念入りに修さなければならないものであった。ここでも短い暗示だけで十分だとされた。この稽古を実行するためには、修する者は、師から要求されていることを理解する、否、区切りごとに単に予感するだけでも足りるとされた。それ故、昔から伝わってきた具体的に示している比喩的な区別を、概念的に理解し、把握する必要はないのである。それらは、何百年もの実践から生まれたものであり、多くの点において、念入りに慎重に検討された全ての知識よりも、より深いと見るかどうか、誰も知らないのである。

この道の最初の一歩は、それ以前にすでになされていた。身体の力を抜くことであるが、これなくして正しい弓の引き分けは決して生じない。正しい射の離れがうまくいくためには、身体の力を抜くことは、心も精神的に解き放つことへと進めなければならず、最後には精神が活発に動くのみならず、自由にならなければならない。自由のために動く根源的な自在さ（Beweglichkeit）のために自由となる。そしてこの根源的な自在さは、とりわけ人が普通に精神的な自在さとして理解する全てのこととは本質的に異なるのである。身体的に力を抜いていることと、他方の精神的な自由さとの二つの状態の間には次元の違いがあるのであり、ただ呼吸法によってだけではなく、全てのものから自己を取り戻すことによってのみ、全く無我になることによって、常に諸条件を克服することができるのである。その結果、心は自己自身へと沈潜し、かの名付けようもない根源が完全に働くのである。

さしあたって、感覚の戸を閉じよという要求は、精力を使って感覚から逸《そ》らせるのではなく、むしろ抵抗しないで避けようとする心構えでいることによって満たされる。この意識的に何かをしない態度が本能的にうまく行くためには、心は内的な手掛かりが必要であるが、それは呼吸に集中することによって得られる。呼吸は、意識的に、まさに厳密に心して行うので、息を吸うこと、息を吐くことは、それぞれ常に考えられ、念入りに行われる[25]。

この稽古の効果は、すぐに現われた。呼吸への集中が密になる程に、外の刺激はほんやりとしてくる。集中は朦朧《もうろう》とした忘我に入って、最初は半ば聞こえる程であったのが、最後にはもはや感じるのを邪魔されなくなる。あたかも海のざわめきが、一度慣れると、ほとんど聞こえなくなるように。時が経つにつれ、かなりの刺激に対してすら免疫が出来て、同時に自らが刺激から独立して影響されない状態が常に容易に、急速に現われてくる。身体が立ったり、座ったり、横になったりする時に、可能な限り力を抜こうと注意して呼吸に集中していくと、急速に何も通さない蔽《おお》いによって隔離されているように感じる。

呼吸していることだけをまだ知っており、感じている。この感じ、知ることからも離されるのに、新たな決意をする必要はない。というのは、呼吸は全くひとりでに緩やかになり、呼吸の消費もわずかになり、最後にはすべるように自ら消え去り、単調になり、注意はいかなる手掛かりもなくなる。

この何物にもとらわれずに自己の内に滞留する快い状態は、最初の内は残念ながら持続しない。それは、内から壊される惧《おそ》れがある。無から生じてくるように、思いがけずにいろいろな気分、感情、欲望、心配、それどころか考えさえ浮かび上がってきて、分け目なく混じり合う。なじみがなく、見知らぬものである程、意識して働かせるものが少なければ少ない程、それらは一層しつこくこびりついてくる。それらは、あたかも、集中が、普通では達しない領域を呼び起こすのに、復讐《ふくしゅう》しようとするかのようである。しかし、ここでもこの妨害が働かなくなることに成功すると、静かに、苦労なく、さらに呼吸しながら、現われてきたものに喜んで入りこみ、それに慣れ、それをどうでもよいように見ることを学び、ついにはこの学びにも飽きる。かくて次第に眠り込む前の、かすかなまどろみに似た状態に達する。

「精神現在」

その状態へ最終的に入っていくことは危険であり、回避されなければならない。集中の独特の飛躍によって、この危険に対処するが、それは、おそらく全感覚が目覚めていることに生命がかかっていることを知っている寝ずの番が、自らに与える衝撃にも比べられよう(26)。そしてこの飛躍が一度うまくいくと、確実に繰り返される。この飛躍によって、心はあたかもひとりでに、平気で自らの内を躍動する状態に移り、その状態は次第に高まって、自らを、まれな夢の中で経験される感情の中で、これまでにない容易さと幸せな確かさにまで高められ、どの方向にでも精力を呼び起し、段階的に順応して、緊張を高めたり、緩めたりできるようになる。

この状態——その状態においては、もはやある決まった何かが考えられ、計画され、努力され、望まれ、待たれるといったことが一切なく、特定の方向へと向かず、にもかかわらず、確固不変の力の充実から、可能なものにも不可能なものにも自らを相応《ふさわ》しくする術《すべ》を知っている——この状態が、まったくの無心、無私であり、師が、本来的に「精神的」と言われていたものである。この状態は、精神的な目覚めによって担われており、それ故「正しい精神現在」とも名付けられるものである。(27)ここで言われる精神は、決して特定の所に執着していないので、いたる所に現在している。そして精神は、あれこれに関係したとしても、そこに執着せず、それによって、その根源的な自在さが失われることがない故に、現在しつづけられるのである。それは、池を満たしながら、絶えず流れ出るようになっている水に喩《たと》えられ、自由であるから、常に汲《く》み尽くせない力で働くことができるのであり、空であるから、あらゆるものに開かれているのである。この状態は、正しく本来的に根源的な状態であり、そのシンボル、空なる円は、その中に立つ人を、黙ったままにはしておかないのである。

秘められた意図によっては決して邪魔されない、このような精神現在が完全に働くことから、それ故、全ての執着から解かれた者は、もはや各自の道を行わないわけにはいかない。しかし彼は、自己を忘れて、形ある業に入り込んでいくことができるようになるためには、道を修練する途《みち》を歩まなければならない。というのは、自らへと没頭している者は、決して本能的に応じることができない状態に直面した時に、初めて意識へもたらされるはずだからである。彼は、そこから自らを解放していた、かのあらゆる諸関係に再び入るであろう。彼は、自己プログラムをよく考える目覚めた人であるが、決して根源的な状態に生き、そこから活動する、甦《よみがえ》った人ではない。業をなす個々の過程が、あたかもより高い摂理によってもたらされるようには、彼には思われないであろう。彼は、ある業の躍動を、他の者に——その者自身が一つの躍動であるが——、いかに陶酔的に伝えられるか、またいかに、彼がなすあらゆることを、彼が知る前に行ってしまっているか、ということを、決して経験しはしないだろう。それ故、要求されている自己を離れて、自由になること、生を内面化し濃密化して完全な精神現在となることは、精神現在に頼ることが多ければ多い程、ますます恵まれた素質や、まして偶然に任せることが少なくなり、また運を天に任せて、全力を要求する形成過程、したがって同時に、必要な集中がひとりでにすでに生じてくるという確信とに、引き渡すことができないものである。むしろ、あらゆる行いの前に、あらゆる没頭の前に、この精神現在が呼び出され、稽古によって確かにされる。しかし、精神現在を手に入れるだけではなく、瞬時に獲得できる時から、集中は、かつての呼吸と同じように、弓と結びつけられる。

弓道を行う過程

弓を引き分けてから射の離れとなる過程は、次のような順序で行われる。射手は〔道場の〕傍らに座って集中し始める。それから、厳かに歩んで的の前に進み、お辞儀をした後、弓と矢を捧げもののように持ち、それから矢を番《つが》え、弓を高く打ち起し、引き分け、最高の精神的な目覚めをもって満を持して待っている。稲妻のように生じる射の離れと同時に緊張も解いた後、射手は射の後の直立の姿勢のまま、長く伸ばされた息を吐いた後、再び空気を吸わねばならなくなるまでの間、じっとしている。そこで初めて両腕を下し、的に向かってお辞儀をして、もはやそれ以上に射をしないならば、落ち着いて背後に歩いていくのである。射は、こうして一つの礼法になると、「大いなる教え」は説明するのである。

この段階の弟子が、まだ射の意味するところを把握していないとしても、彼は、何ゆえ射がスポーツでないのか、体操的な練習ではあり得ないのかは決定的に理解する。何ゆえ技術的に学ばれるものは、いやになる程、熱心に稽古されなければならなかったのかを理解する。全ては完全に自己を忘れ、無心に出来事に適応することにかかっているならば、彼の外的に遂行することは、それ自身で生じて、操作したり制御するような考えを必要としないのである。

VI　日本の教授法と達人境

伝統的な稽古法

実際、このように無条件に形《かた》に習熟するように教育するのが、日本の稽古法である。稽古し、繰り返し反復し、さらに何度も繰り返すことによって、先へと進んで、長い道のりを越えていくのがその特徴である。伝統的なすべての道には、少なくともこのことが当てはまる。〔師匠が〕実演する、基礎を教育する――〔弟子が〕自分でやってみる、まねる。これが教授法における〔師匠と弟子との〕基本的な関係である。もっとも最近の世代では、新しい教授法を導入することによって、ヨーロッパの教育方法論が根を張ってきて、理解されて行われていることも否定できない。初めはこの新しい方法に対して、興味を持つ傾向があるにもかかわらず、日本の諸道が、この教授形式によっては本質的に煩わされないでいることの理由は、どこにあるのだろうか。

この問いに対する答えは簡単には与えられない。にもかかわらず、概略にすぎないとしても、〔日本の〕教授の様式と、それ故まねることとの意味をはっきり明らかにするために、これに答えなければならない。

師弟関係

日本人の弟子は三つのことを持ち合わせている。正しい教育、自らの選んだ道への情熱的な愛、師匠への批判なき尊敬である。師匠と弟子との関係は、昔から生活の基本的な結びつきであり、それ故、師の高度の責任は、彼の教授科目の枠をはるかに超えたものに及んでいる。さしあたって、弟子には、師匠がやって見せたことを誠実にまねることと以外、要求されていない。師匠は、長々しい教えや理由づけることを嫌って、簡単な指示をするだけである。弟子が問うことなど考慮に入れていない、師匠は、弟子があれこれ模索するのを落ち着いて見ていて、弟子の自立心や創意工夫の気持ちなど期待せず、目覚め、熟するのを待つだけの忍耐力を持っている。両者は時間を持っており、師匠は追い立てず、弟子もあわてて出来るようになろうとしない。

師匠は最初の課題を、弟子を早く芸道者になるよう目覚めさせようとするのでなく、技がすばらしく出来る人を育てることに置いている。この師匠の意図するところに、弟子は倦《う》むことなき熱心さによって添おうとする。弟子は、まるでそれ以上何も要求されていないかのように、愚直なまでの没頭を課されているようであるが、何年も経って初めて、自分が完全に使いこなせるようになった形《かた》は、もはや束縛とならず、自由になるという経験をするようになる。弟子は日に日に技術的にも苦労なくあらゆる勘《かん》に従って行えるようになっていき、また、心をこめて観ることによって、勘が働くようになれる。たとえば、筆を持つ手は、精神が形を取り始めるまさにその瞬間、頭に浮かんでくる勘に従って描いているので、結局のところ、弟子にとっては、作品は、精神か筆かどちらかが生み出したのかは分からないのである。

礼法――形の意味

しかし、「精神的」になれるようになるためには、弓道の場合と同じく、身体的かつ精神的なすべての力の集中が要求されるのであり、それはまわりの環境がどのようであっても放棄することは出来ない。次に新たな例を挙げる。

墨絵師は、弟子たちの前に座っている。彼は、筆を吟味し、慎重にそれを準備して置き、念入りに墨を摩《す》り、彼の前で畳の上に置かれた細長い画仙紙を正しく置き直し、侵しがたいように見える深い集中の中にしばらくいた後、ついに素早く、とらわれなく的確に筆を動かし、ある絵を浮かび上がらせる。もはや修正できず、またその必要もなく、弟子に手本として供される。生け花の達人は、教授の始めに、まず花と花の枝を束ねている麻紐《あさひも》を用心深く解き、これを丁寧に巻いて傍らに置く。そうしてから枝を一本一本繰り返し吟味しながら、最もよいものを選び、注意深く曲げて調整して、その役割に応じた形を与えて、最後に花瓶に活《い》ける。自然がぼんやりとしたまどろみの中で予感していたことを、まるで達人が察知するかのように、完成した姿が現われる。

この二つの例に限るが、これらの場合、師はまるで、彼がたった一人でいるように振る舞っている。弟子には一瞥《いちべつ》もせず、一言も発しない。師は、準備のための所作を瞑想《めいそう》しているかのように悠々と行いながら、描いたり、活けたりする過程に没頭して自己を忘れている。この過程は両者にとっては、最初の導入的な準備から作品を完成するまで、あたかも一つのまとまった業のように行われる。事実、その業は高度の表現力を持っているので、〔その業自体が〕まるで一つの絵のように観る者に働きかける。

しかし、何故に師匠は、確かに省略できないが従属的な準備作業を、たとえば経験ある弟子に任せようとしないのであろうか。師匠が自ら墨を摩ったり、あるいは麻紐を急いで切ってぞんざいに傍らへ投げたりしないで丁寧に解くようにすれば、芸道の観る力、造形する力が駆り立てられるとでもいうのだろうか。そして、稽古の時にはいつも、同じ揺るぎない徹底さで以《も》って、この過程を全く省略することなく、まさに厳格に繰り返し、弟子たちにもまねするようにさせているものは何なのであろうか。師匠は、仕事のための準備が、同時に、彼を芸術的な創造に据える意味を持っていることを経験から知っているからこそ、受け継がれているこのような慣習に固執するのである。瞑想的な静けさのお蔭《かげ》で、決定的に力を抜いて全ての力の均整をとり、集中と精神現在が得られる。それなくしては、真っ当な作品が出来ない。無心にそうした行いに沈潜しながら、瞬間瞬間に応じて、観念的な線で頭に浮かんでくるものを描いて、まるでそれ自身から現われてくるように作品を完成するのである。弓道の場合の歩みと構えのように、別の準備的な行いがここでは形を変えて、同様の意味を持つのである。このことが行われないところでは、たとえば神楽《かぐら》の舞手や能楽師においては、集中と沈潜は、彼らが登場する前の時間に行われているのである。(28)

それ故、これら二つの例においても、弓道においてと同じように礼法[29]が問題であることは、見逃すことができない。師匠が言葉で言おうとする以上にはっきりと、弟子は礼法から、準備と創造、技的なものと芸術的なもの、物質的なものと精神的なもの、状態的なものと対象的なもの、それらが相互に隔たりなく行き来する時に、正しく精神的な芸道者としてあるべきあり様が達せられるということを、洞察するのである。それによって、弟子はまねるべき新たな課題を見つける。集中や自己を忘れた沈潜を完全に自らのものとすることが、今や求められている。まねることは、客観的な内容に関係するのでない。模倣することとなら、よい意志であれば自覚すればどうにかできるが、まねることは、今や一層解放され、より活《い》き活きとして、より精神的なものである。弟子は、自らが新しい可能性に置かれていることを知るが、しかし、同時に、それを実現するのは、自らのよき意志には少しも拠《よ》っていないことも経験している。

達人境

自分の才能によって向上をやり遂げられると決めてかかると、弟子には芸道者たることの道の途上で、ほとんど避け難い危険が待ち受けている。思い上がった自己満足にひたる危険ではなく――というのは、このような自己礼賛という性質を東洋人は持ち合わせていない――、むしろ、彼がなし得ること、また今そうであること、成功が保証され、賞賛されていることに止《とど》まることに危険はある。あたかも芸道者としての実存が、自らから刻印され証明された自らの生の形式であるかのように振る舞ってしまう。

師匠はこのことを予見する。彼は、用心深く、繊細な心の指導の術によって、まさにそういうことに際して予防し、弟子が自己自身から離れるように試みる。師匠はそのことを、目立たないように、ほんのついでに言うかのように、弟子がすでになしたはずの経験に結び付けながら、あらゆる正しい創造は、真正の無我である状態でのみ成功し、創造する者はもはや「彼自身」が現在しているのではあり得ないことを暗示して伝える。ただ精神のみが現在している、一種の目覚めたあり様で、まさに「自己自身」の共鳴を示すのではなく、それ故、「眼で聞き、耳で見る」ようにあらゆる広さ深さに、制限なく貫徹するのである。

このように師匠は弟子に、自らを越えて行くようにさせる。しかし、弟子は、すでにしばしば聞いていたことを、今初めて自らの経験に基づいて現実的に分かり始めた何かを、師匠によって見るようにさせられてきたことを、いよいよ感じとるようになる。師匠が、彼が思っていることに、どのような名前を与えるか、それどころか、そもそも名づけられるかということも重要ではない。師匠が黙っていようとも、弟子はそれを理解するのである。

しかし、それによって、〔弟子の内に〕決定的な内的な動きが起こる。師匠は、その動きを注意深く見守っており、邪魔になるだけのそれ以上の教えによって、その流れに影響を及ぼすことはない。師匠は、自分が思うようになし得る、最も秘めた内的なやり方で、弟子を助ける。すなわち、精神の直接の伝達によって、仏教圏の表現では、「燃えた蠟燭《ろうそく》で他の蠟燭に火を点《とも》すように」、師匠は弟子に真の道の精神を以心伝心で伝え、その精神は明るく輝くのである。もしそれが弟子に授けられるならば、すべて外に現われた作品よりも、内的な仕事がはるかに重要であることを、思い起させる。もし彼が、まさに芸道者として天命を全うすべき時には、内的な仕事を完成しなければならない。

しかし、内的な仕事は、彼がまさにそうである人間として、自らを感じ、いつも新たに見出《みいだ》す自己として、形成作用の材料になることによって成立するのであり、その究極で達人となるのである。芸道者であることと人間であることが、大きく捉えて言うと、より高次なものにおいて出会っている。というのも、達人であることは、生き方として、無限に広い真理に基づいて生きていること、真理によって担われ、根原の道によって、裏付けられているからである。達人はもはや〔外に〕探し求めるのではなく、〔自らの内に〕見つけている。彼は芸道者としては修行者であり、人間としては芸道者であり、彼のあらゆる行うこととやらないこと、創造と沈黙、有ることと無であることにおいて、仏陀が心の中を見ているのである。人間、芸道者、仕事——これらは、全て一つのことである。内的な仕事の道というものは、芸道者から生み出された外的な仕事のようではなく、彼が作れるものではなく、常にただそうであり得るものであり、日常では何も知ることがない、深いところから生じる。

達人への道は険しい。しばしば弟子には師匠を信じること以外、何も働いていないが、この信じることによって、今や初めて達人の何たるかが見えてくる。師匠は弟子に内的な仕事を生きて手本を見せ、他の何ものでもなく、彼の現存在そのものによって納得させているのである。

この段階において弟子がまねることは、その究極の最も熟した意味を獲得している。

まねることによって、達人の精神にあずかり知るように導かれるのである。

どこまで弟子が行くのかは、師匠であり達人である人の慮《おもんぱか》るところではない。師匠は弟子に正しい途《みち》を示したと思うやいなや、弟子を一人でさらに進ませる。弟子が孤独に耐えるために、なすべきことは唯一つである。師匠は、弟子を弟子自身からも、自分からも離させる。師匠は、弟子が自分よりもさらに進んでいって、「師匠を乗り越える」ように、心をこめて教える。

弟子は、途がどこへ行こうとも、師匠を見られなくなったとしても、決して師匠を忘れることは出来ない。弟子は、師匠に、いかなる犠牲を払おうとも構わないくらいの感謝をしており、その感謝の内で、初心の頃の無条件の尊敬は、芸道者が持ち続ける信仰に変わっている。この感謝の念が、普通の人間が考える度合いをはるかに超えていることは、ごく最近までの無数の実例によって示されるのである。

Ⅶ・破門事件と無心の離れ

稽古に対する疑念

私は、礼法というものにまで高められた弓道の「大いなる教え」の説明によって、日に日に礼法が容易になめらかに出来るようになり、苦労なく行えるようになった。より正確に言えば、私はいわば夢のように、礼法に導かれている感じがした。その限り、師が予告していたことを確認した。にもかかわらず、ひとりでに行われる集中は、常に射《しゃ》が生じる一瞬前までであることを、阻止することが出来なかった。一杯に引き絞って満を持して待つことは、単に疲れて引く力が失われるだけでなく、あまりにも耐えがたくなって、沈潜状態から常に引き戻され、離れを行うことに注意を向けざるを得なくなった。

「離れを考えるのをやめなさい」と師は叫んだ。「それでは失敗するに決まっています」

「他にどうしようもないのです」私は答えた。「引き分けていることが、苦痛になります」

「あなたは、真に自分自身から離れていないからこそ、そう感じるのです。それは、単純なことです。何が問題であるのかは、ありふれた笹から学ぶことが出来ます。雪の重みによって、押えられ、より深くなると、常に笹は身動きしないでも、雪は重みで突然、滑り落ちます。これと同じように、一杯に引き絞って満を持して待っていなさい、射が生じるまで。そうすれば、本当にそうできます。引き絞りが充実して〔機が熟せば〕、射は生じざるを得ません。雪が重みで笹から離れるように、それを考える前に、発《はつ》は射手から生じざるを得ないのです」

あれこれと試したにもかかわらず、発が降りてくるまで、気をもまず待つことは、私には出来なかった。相変わらず、ただ意図して放す以外なかった。そしてこの抜けられない失敗は、ますます私の気を滅入《めい》らせた。

稽古が三年を過ぎた頃には、私は今まで学び経験してきた一連のことが理解出来そうもなく思われ、これがこれからも時間の浪費になるのではないかという疑問に、申し開きできるのか疑って苦しんだ憂鬱な時間を過ごしたことを否定するつもりはない。

日本には、こんな役に立たない弓道よりも、手に入れるべき真に価値があるものが他にもあるのにという、同胞の者の嘲笑的な忠告が、頭に浮かんだ。この術と知識で、後で何を始めようとするのかという、かつて撥《は》ねつけた彼の問いかけが、私にはもはや無条件に馬鹿げたものとは思われなくなった。

師は、私の中で起きていたことを感じ取られたに違いない。その当時、私が慣れ親しんできた方面から、どうにかして助けられることを見つけ出そうと、師は日本の哲学入門書を読んでみたが、しかし、結局、このような事柄を職業としている人間に、弓道を会得することが極めて困難に違いない訳がよく分かったと言って、その本を傍らへ置いた、という話を、後で小町谷《こまちや》氏が私に教えてくれた。

破門事件

夏休み中、我々夫婦は、海辺の鄙《ひな》びた美しさが有名な、静かで夢見るような風景の中で、孤独に過ごした。我々は弓を最も大事な荷物として一緒に持って行き、射の離れの稽古に明け暮れ専念した。それは固定観念のようになっており、自らを離れて沈潜する以外、何も稽古してはならないという師の教えを、段々と忘れていった。

あらゆる可能性をあれこれ考えて、私の失敗は、師によって指摘されたところ、すなわち無心、無我になっていない点にではなく、右手の三本の指が親指をあまりにしっかりと包んでいることにあるという結論に達した。離れを待っているのが、長ければ長いほど、私は痙攣《けいれん》するように意識的に三本の指を一緒に押していた。このことを改めることから始めなければならないと信じた。私はこの問題の、単純で同時に納得のいく解決法を見つけた。弓を引き分けた後で、もし親指の上に掛けている三本の指を注意深く、徐々に伸ばしていけば、親指が指によってはもはや固定されなくなって、あたかもひとりでにその状況を裂くような瞬間がやって来る。射は稲妻のように解かれ、「笹から雪が重みで落ちる」ように、開かれることが生じるのである。この発見は、人差し指はあるかないかの軽い握りで、最後の抵抗に勝つまで、長い間折り曲げているという、小銃の技術と見事に親和性があったので、私にはとりわけそうだと思われた。私は自分が正しい途《みち》にいるに違いないことを、即座に納得出来た。この方法によって、ほとんどどの離れもなめらかで思いがけず生じているように思われた。

しかしもちろん、成功の反面、右手の精密な作業は、完全に注意が要求されるということも、見逃すわけにはいかなかった。この技術的な解決は、次第によく弛みなくできるようになれば、特別な注意をもはや必要としなくなるだろうという見込みで、自らを慰めていた。状況が許せば、この離れによって、一杯に引き絞って満を持していながら、自己を忘れられる日が来るだろう。この場合には、技術的に可能なことが精神化されるのだろう。この確信にますます自信を持ちながら、これに反して、私の中に起ろうとする念を宥《なだ》めて、妻の制止にも耳を貸さず、ついに私は決定的な一歩を踏み出したという気持ちで安心していたのである。

稽古の再開後、私が早速放った第一射は、私の見る所、抜群にうまく行った。なめらかに思いがけずに離れた。師は私をしばらくじっと見つめた。そして彼の目で見たことが信じられないかのように、ためらいながら、「どうぞ、もう一度」と言われた。私の第二射は、私には第一射を凌駕《りょうが》しているように思われた。師は一言も発せず、私の方へ歩み寄り、私から弓を取り上げ、私には一瞥《いちべつ》も与えず、座布団の上に座られた。[30]私はこのことが何を意味しているのか分かったので、立ち去った。

翌日、小町谷氏が、師は今後私の指導を断わると言われたことを伝えてきた。私が師を裏切ろうとしたからという理由であった。このように師が解釈されたことに大変驚いて、私は小町谷氏に、常にただ一歩も踏み出せないために、このような方法で射を放つようになったかを、説明した。師は、彼のとりなしによって譲歩する気になられたが、稽古の継続は、一に私が、「大いなる教え」の精神に二度と背かないと誓うことにあるとされた。もし深く恥じ入る心が私を癒さなかったとしても、師の態度がそれをしたであろう。師は出来事には一言も触れず、ただあっさりと言っただけだった。

「無心に一杯に引き絞った状態で満を持して待っていないと、どんなことになるか、お分かりになられたでしょう。あなたは、自分はそれが出来るのかと問わずには、稽古で引き絞って保っていられないのです。何が生じるか、いかに生じるか、辛抱強く、お待ちなさい」

私は、師に、すでに稽古も四年になっており、私の日本滞在も期限が限られていることに注意して下さいと言った。

「目的への途は、計ることが出来ません。何週間後か、何か月後か、何年後かと言っても、何の意味があるでしょうか」

「しかし、私は中途半端にやめなければならないのだとしたら、……」

「本当に無我になれたなら、いつでもやめることが出来ます。ですから、そこを稽古しなさい」

「それ」が射る

そして再び全く最初からやり直して始められた。あたかも今まで習ったすべてのことが役にたたなくなったかのように。けれども一杯に引き絞った時に無心に待つことには、相変わらず失敗した、慣れた轍《わだち》から抜け出ていくのが不可能であるかのように。

それ故、ある日、私は師に問うた。

「もし『私』がそれを行わないとするならば、そもそも射はいかに離れることができるのでしょうか」

「『それ』が射るのです」師は答えられた。

「そのことはすでに何度も先生からお聞きしました。それ故、別な風に問わなければなりません。もし『私』がその場にもはやあるべきでないとすれば、私はいかに自己を忘れて離れを待つことが出来るのでしょうか」

「『それ』が満を持しているのです(31)」

「この『それ』とは誰であり、何なのでしょうか」

「もしもあなたがこのことを理解したなら、あなたはもはや私を必要とはしません。そしてもしもこの独自な経験をあなたから省いて、その痕跡を追うのを手助けしようものなら、私はあらゆる弓道師範の中で最悪の者になり、〔この世界から〕追い出されるに値することになるでしょう。ですから、もうその話は止めて、稽古しましょう」

何週間か過ぎたが、私はほんの一歩も進めないかのようであった。その代わりに、そんなことには少しも気にならなくなったことに気づいた。私はこの道に疲れたのだろうか。私がそれを習得できるか否か、師が「それ」と言われていることが経験されようがされまいが、禅への通路を見出《みいだ》せるか否か――これら全ては、一気に私から後退して遠ざかり、どうでもよいようになって、それについてはもはや気をもまなくなった。私は師にこのことを打ち明けようと度々決心したが、師の前に立つと勇気は失《う》せた。師から何度も繰り返される答え、「質問なんかしないで、稽古しなさい」という以外に聞かせてもらえないことに納得していたからである。それ故、私は問うことを止めた。

もし師が私の心を容赦なく摑《つか》んでいなかったとしたら、喜んで稽古も止めたであろう。私はくる日もくる日も仕事をこなし、職業としての仕事を十分にしながら過ごし、私が何年もの間一生懸命に努力してきたすべてのことはどうでもよくなり、私の心に掛らなくなった。

無心の離れ

ある日、離れの後、師は深々とお辞儀をされた。私は面食らって、師を見つめていると、「たった今、『それ』が射ました」と師は叫ばれた。師が言われたことの意味が分かってくると、私は急激に湧き起ってくる喜びを抑えることが出来なかった。「私が言ったことは」と師はたしなめた。「賞賛ではなく、確認にすぎません。あなたに関わりを持つことではありません。私はあなたにお辞儀をしたのではありません。というのは、この射はあなたのせいではないからです。この時、あなたは完全に自己を忘れて無心に満を持していました。その時、熟した果実のように、射があなたからこぼれたのです。さあ、何事もなかったかのように、さらに稽古しなさい」

かなりの時が経って初めて、時々正しい射に成功するようになった。師は黙って深くお辞儀をして、それを証《しょう》してくれた。射が私が何もしないでも自然に発するということがどうして生じるのか、私のほとんど閉じられていた右手が突然に開いて撥ね返ることがどのようにやって来るのか、私はその当時も今も説明することが出来ない。そのことが、そのように生じたという事実が確かであり、そのことだけが重要である。しかし少なくとも次第に私は正しい射と失敗した射とをはっきりと区別することが出来るまでになった。両者の質的な相違は非常に大きく、人は一度それを経験すると、もはや見逃すことが出来ない。

正射は、外面的にみれば、観ている者にとっては、一方では〔弦を離した〕右手の不意の撥ね返りが受け流され、全身の動揺は起きないということに示されている。他方、失射の後では、詰まっている息が爆発的に吐き出され、すぐには再び十分な空気が入ってこないのである。それに対して、正射の後では、息は苦もなく滑るように吐かれ、急ぐことなく息が吸われて空気が入るのである。心臓は落ち着いて均一に打ち、集中は妨げられず、滞りなく次の射への移行を許すのである。

一方、正射は内面的には、射手自身にとっては、その日が今初めて始まるかのような気分にする。彼は、正射の後では、自らが、すべての正しい行いへ、おそらくより重要なことだが、あらゆる正しい無為へと置かれていることを感じるのである。この状態は、きわめて愉快である。[32]

しかし、その状態〔の経験〕を持った者は、あたかもそれを持たないかのように、それを持つことがよいのである、と師は微笑みながら警告された。決定的な平静さのみが、その状態がためらうことなく再びやって来るように、持ちこたえるのである。

Ⅷ・稽古の第三段階——的前射《まとまえしゃ》——射裡見性《しゃりけんしょう》

的前射

ある日、師が新しい稽古に移ると告げた時に、私は師に言った。「我たちは、今、どうやら最悪の所を越えたようです」と。

師は答えられた。「日本には、『百里を行く者は九十里を半ばとす』〔戦国策〕という言葉があります。今度取り組む新しいことは、的に向かって射ることです」

これまで的であり矢止めとしていたのは、木組みの上に置かれた巻藁《まきわら》であった。矢の長さ〔矢《や》束《つか》〕二本分の距離を隔てて置かれている。これに対して、的までは三〇メートルの距離[33]があり、高く幅広く築かれた砂〔垜《あずち》〕の上に置かれており、三方が壁で囲われた空間〔垜屋《あずちや》〕で、射手が立つ道場と同様、美しいアーチ型の屋根によって護《まも》られている。二つの建屋は、高い板壁で結びつけられており、かくも不思議なことが行われる空間〔弓道場〕を、外部から遮断している。

師は的前射を実演した。二本の矢は〔的の中央の〕黒点に中《あ》たった。それから我々に、礼法を以前と同様に厳密に行い、的によって、ほんのわずかでも惑わされないように、一杯に引き絞って満を持して、射が落ちてくるまで待っているようにと教えられた。

我々の細い矢は、確かに求められた方向に飛んで行ったが、一部は垛にも届かず、手前の地面に突き刺さった。

「あなた方の矢が届かないのは」と、師は注意された。「精神的に十分に遠くへ届いていないからです。あなた方は、的が無限に遠くにあるように振る舞わなければなりません。我々弓の師範にとっては、よい射手は中程度の弓でも、精神に目覚めていない射手が最も強い弓で射るよりも遠くを射ることが出来るということはよく知られたことで、これは日常的な経験によっても、確認されている事実です。それ故、問題は、弓にあるのではなく、あなた方が射る時の『精神現在』に、〔精神が〕生き生きとしていることと目覚めにあるのです。

今や精神的な目覚めの最高の引き絞りを解き放つためには、あなた方は礼法を今までとは違った風に行わなくてはなりません。ちょうど真正の舞手が舞うように。もしこのように行うならば、あなた方の手足の動きは、正しい呼吸が生じるかの中心〔丹《たん》田《でん》〕から生じるでしょう。その時には、あなた方は礼法を、そらんじて教えられたように行うのではなく、まさにその瞬間の霊感《インスピレーション》によって創造するかのごとく、行いなさい。そうすれば舞いと舞手が一つで同じとなり、一体になるのです。それ故、礼法を神楽《かぐら》の舞いのように行ずることによって、あなた方の精神的な目覚めが最高の力に達するのです。」

私は、当時、礼法を「舞う」ことがどこまでうまく出来ていたか、そして中心からいかに〔手足に〕生命力を与えていたのか、分らない。確かにもはや矢飛びがあまりにも短いことはなくなったが、的に中たることは私には拒まれているかのようであった。

「的を狙うな」という教え

このため、私は師に、何故、どのように狙うのか、今まで我々に少しも説明されないのかと尋ねた。私は、的と矢の先端の関係とか、的中を可能にする実証済みの狙いがあるに違いないと思ったのである。

「当然、あります」師は答えた。「そして〔的中させるために〕必要となる構えも、自身で容易に見つけ出せるでしょう。けれども、もしこれでほとんどどの射も的に中たるようになったとすれば、あなたは他ならぬ、射の芸者となり、自らをそのように見せることになります。その中たりを数える野心家にとっては、的はみすぼらしい一片の紙きれに過ぎません。弓道の『大いなる教え』は、こういったことを全く悪魔の仕業と見做《みな》します。『大いなる教え』は、射手から一定の距離をとって置かれた的については何も知りません。それが知っているのは、決して技術的なやり方では射中《いあ》てることが出来ない的であり、この的のことを、もしそもそも名を与えるとすれば、仏陀と名付けているのです」

師はこのように語った後、あたかもこのことが、自然に理解されるように、射る時の彼の眼をよく観ているようにと言われた。師の眼は、礼法を行じる時のように、ほとんど閉じられていた。そして我々は、師が狙いを定めているといった印象を持つことはなかった。

我々は従順に稽古し、狙わないで射るようにした。最初、私は、矢がどこへ飛んで行こうが、そのことは全く気にしていなかった。たまたま中たったとしても、興奮しなかった。それが全く偶然であることを知っていた。しかし、続ける内に、この射《しゃ》をやみくもに射ることに我慢できなくなった。このことについて考えを廻《めぐ》らす誘惑に再び陥った。師は私の迷いが目にとまらぬように振る舞ったが、とうとうある日、私はどうにもならないことを、師に白状した。

「あなたは不要な心配をしています」師は私を宥《なだ》めた。「中たりということを頭から消しなさい！　たとえどの射も中たらなくとも、弓の達人になることが出来ます。的に中たるのは、あなたの最高に高められた無心、無我、沈潜、――そうでなく、あなたがこの状態をどのように呼ぼうとも構いませんが――という状態の外的な証拠であり、確認に過ぎないのです。達人であることにも、段階があります。究極に達した人にして初めて、もはや過《あやま》つことなく外的な的中が出来るのです」

「私が理解できないのは、まさにそのことです」と、私は答えた。「先生が射中てなければならないと仰《おつしや》る、本来的な的、内的な的が何であるかは理解出来るように思います。けれども、外の的、紙の的を射手が狙うことなくして中てるということが、したがって、中たりが、内的に生じていることを、外的に証明するということが、一体どうして生じるのか？――このように一致することが、私にはどうしても理解出来ないのです」

「あなたは思い違いをされています」師は少し間を置いてから再考を求めて言われた。「もしあなたが、この不可解な関連について、単に生半可《なまはんか》である理解が、この先助けになるとでも思っておられるならば。ここでの問題は、理解など及ばない事象です。あなたは、自然の中には、理解されないにもかかわらず、現実にある一致、まるで別様ではあり得ないように、そういったことがあることに慣れてしまっている一致が、すでに存在するということを忘れないで下さい。

しばしば私が関心を持っている一つの例を挙げましょう。蜘蛛《くも》は、舞いながら巣を張りますが、その巣にかかる蠅が存在するということを知りません。蠅は陽射しの中で何も考えずに舞うように飛んでいて、蜘蛛の巣に捕えられますが、自分に何が生じるのか知りません。しかし、この両者を通じて、『それ』が舞っているのです。そして内的なことと外的なものは、この舞いにおいて一つなのです。

そのように射手は外的には狙うことなく、的に中てます。――私は、このことを、これ以上、うまく言うことは出来ません」

この喩《たと》えも、私には非常に多くのことを考えさせたが、それを最後まで十分に考え抜くことは出来なかった。私の中には、これを喜んで受け入れ、心置きなくさらに稽古することが出来ることに抵抗する何かがあった。何週間か経つ内に、この異議は、はっきりとした形をとって、言葉になって現われた。

私は尋ねた。「少なくとも、このようには考えられないでしょうか。先生は何十年もの間稽古されているので、無意識の、まさに夢遊病者のような確かさで、引き絞っている時は、弓と矢をそのように射る姿勢をとられるので、意識的には狙うことなく、的に中てられる、否、中たるしかなくなっている、という風に」

師は、長い間、私の厄介な質問に慣れておられたが、頭《あたま》を振られた。しばらく黙って考え込まれてから言われた。

「私はこれ以上言おうとは思いません。あなたが今言われたことのようでもあり得るということは。私は確かに的に『向かって』立っており、それに向かって意図してではなくとも、的をちらっと見ざるを得ません。けれども他方、このちらっと見ることでは十分ではなく、決定的でもなく、何も説明しないということを知っています。というのも、私は的を、まるで見ないかのように観ているからです」

「それでは、先生は目隠しされても的に中てられるに違いない」と、思わず私の口から洩れた。

師は私をじっと見た。私が師の心を傷つけたのではないかと恐れさせるような眼で。

それから言われた。「今夜、おいでなさい！」

暗闇の道場

私は師と向かい合って座布団の上に座っていた。師はお茶を出されたが、一言も話されなかった。そうしてそこに我々は長い間座っていた。赤く熾《お》こった炭の上で、お湯の煮えたぎる音だけが聞こえていた。ついに師は立ち上がり、ついて来るように目配せした。

道場は明るく照らされていた。師は、編み針のように細く長い線香を、的の前の砂に突き刺し、垜《あずち》の電灯は点《つ》けないように、私に命じた。暗かったので、その輪郭さえ認めることが出来なかった。もし線香のわずかな火が示さなければ、私は的の立つ位置をおそらくほのかに分かっても、正確に確認することは出来なかったであろう。

師は礼法を「舞った」。甲矢《はや》(34)は、光輝く明るい所から、深い夜の闇の中へと射られた。勢いのよい音で、それが的に中たったことが分かった。乙矢《おとや》も中たった。私は的の場所の電灯を点けた時に、甲矢は的の黒点の真ん中に刺さり、乙矢は甲矢の筈《はず》を壊し、軸を少し裂いて、甲矢と並んで黒点に突き刺さっていることを発見して、驚嘆した。私は、矢を一本ずつ抜くにしのびず、的と一緒に〔道場へ〕持ち帰った。(35)

師は、それを確かめるように見ておられたが、やがて言われた。

「甲矢は大したことでないかも知れません。私は何十年もこの的に慣れ親しんでおり、深い暗闇でも的がどこにあるか分かっているに違いないと、あなたは考えるかも知れません。そうかも知れません。言い訳しようとは思いません。けれども、乙矢は、甲矢を射貫《いぬ》いた乙矢は、あなたはこれを何と見られますか。いずれにしろ、この射を計ったものは、『私』ではないことを、私は知っています。『それ』が射、『それ』が中てたのです。我々は的に向かって、仏陀に向かうように頭を下げましょう」

「以心伝心」の稽古

師は、この二射によって、私をも射貫いたことは明らかであった。一晩の内に、私はすっかり変わってしまったかのように、矢がどうなったかあれこれ考える誘惑には、もはや陥らなかった。師は、的の方は決して見ず、射手のみを見つめるということによって、私のこの態度を後押ししてくれた。あたかも射手を見ただけで射がどうなったかが、確かに読み取れるかのように。そのことを尋ねると、師はあっさりと認められた。また射手についての判定の的確なことは、矢の判定の的確さに何ら引けを取らないことも、新たに確認した。師は、このようにして、最も深く集中して、道の精神を弟子に伝えたのである。私自身、長い間疑っていた経験があったが、以心伝心ということが、単なる言葉の綾《あや》ではなく、明らかに認め得る実在する事象であることを、確認出来ると言って憚《はばか》らないものである。

以心伝心として同様に特色づけられる別の方法も、師は行った。私が引き続き射損じると、師は私の弓で二、三度射られた。すると〔弓は〕目立ってよくなった。〔その後に引くと〕あたかも弓が以前とは別の様に引かせてくれるかのようであった。このことは私だけに起ったことではない。古くからの経験が長い弟子たち——さまざまな職業の人々であったが——ですら、このことは、当たり前のことと見做し、むしろ私が、一つ一つ確かめて行こうとする人のように尋ねるのを、不思議がった。

同様に、剣の達人も、刀剣に刀匠の精神を認めるという確信を持っており、このことに〔他人から〕異議があっても決して惑わされない。刀は、刀匠が祭式の装束で仕事に掛り、無限に注意を払って労苦に満ちた仕事によって鍛えて造ったものである。剣の達人たちは、刀剣が彼らに語りかけてくるように認めざるを得ないことを、多く経験しているのである。

「それ」が射る体験

ある日、私の射が放たれた瞬間、師は叫んだ。

「それが現われました！　お辞儀しなさい」

私はつい的の方を見た時――残念ながら、見ることを諦められなかったが――、矢は的の縁をかすったに過ぎなかったことを見出《みいだ》した。

「これが、正しい射でした」と師は断定された。

「このように始めなければなりません。今日はこれで十分です。そうでないと、次の射で特別に苦心してしまい、よい始まりを台無しにしますから」

時が経つにつれ、時々引き絞った射がうまく行き、的に中たった、もちろん、なお常に多くの失射もあったのであるが。しかし、うまく行った時に、私が何かこれを少しでも自慢するような顔つきをすると、師はいつになくつっけんどんに私を取り扱うのだった。

「あなたは、一体何を考えているのですか」その時、師は大きな声で言われた。「射に失敗しても、そのことに腹を立てないようにすべきことは、前から御存じのことです。射がうまく行っても喜ばないことを付け加えなさい。快・不快の間を行き来することから離れなければなりません。ゆったりとした平静さで、まるであなたではなく、他の人がよい射を射たかのように、超然としていることを学ばなければなりません。このところも倦《う》まずに修練しなければなりません。——これが、どんなに重要か計り知れません」

私は、この何週間、何か月の間に、私の生涯でも最も厳しい修練をやり通した。それは、いつも容易に出来たわけではないが、にもかかわらず、私は次第にいかに多くのことが、この修練のおかげであるのか、理解することを学んだのである。それは、私自身にも、私の気分の動揺にもかかわらず、衝動の最後の蠢《うごめ》きをも無くしたのである。

特別によい射が出た後で、師は私に尋ねられた。

「『それ』が射、『それ』が中てるということが、何を意味しているのか、今やお分かりでしょうか？」

私は答えた。「私はそもそももはや何も理解していないのではないかと恐れます。最も単純なことすら、困惑させます。弓を引き分けるのが私であるのか、私を一杯に引き絞らせるのが弓であるのか、的に中てるのが私であるのか、的が私に中たるのか。『それ』は身体の眼には精神的であり、精神の眼には身体的です。それは二つであるのか、どちらかであるのか。これら全て——弓と矢と的と私とは、相互に絡まりあっていて、もはや分けることが出来ません。分けようという要求すら失《う》せました。というのも、私が弓を取って射るやいなや、すべてはあまりに明らかであり、はっきりとしており、おかしい程単純なことですから、……」

その時、師は私を遮って言われた。

「今まさに、弓の弦があなたの中心を貫き通りました[36]」

IX. 稽古の第四段階――弓道の奥義の示唆

審査

稽古を始めて五年以上過ぎた時、師は我々〔夫婦〕に審査を受けるように言われた。師は説明された。

「その際、大事なのは、あなた方の技の腕前を見せることではなく、射手の精神的な心構えが、最も見えにくい行いに至るまで高く評価されることです。とにかくあなた方が、見ている人達がいても惑わされず、全く気にしないで、これまでのように全く我々だけしかいないかのように礼法を行じられることを、特に期待しています」

次の週も審査に向けた稽古はなされず、それについては一言も言及されなかった。そしてしばしばわずかな射《しゃ》だけで稽古は打ち切られた。その代わり、我々に課題が与えられた。家庭で礼法――体配の歩み、構え、とりわけ呼吸法を行い、深く沈潜することであった。我々は教えられたやり方で練習した。

弓と矢なしに礼法を舞うように慣れてくるやいなや、我々はすでに数歩の歩みで異常な集中に導かれ、さらに行うと、それだけ決定的に楽に行われ、身体の力が抜けた状態によって、集中の過程を容易にしようと心がけているほど、ますますそうなるのであった。そして稽古で再び弓と矢を手にすると、この家庭での修練が大きな効果を発揮したので、我々は苦もなく「精神現在」の状態に入り込むことになった。我々はそのように安心感を持っていたので、見物の人たちがいる試験の日を平静な気持ちで待ち受けていた。

我々は審査に立派に合格したので、師は困ったような笑いで見る者たちに大目に見てもらうようにする必要はなかった。そして実力を裏づける免状を手渡された。免状には、我々二人が各々達した段階を証明する段位が記されていた[37]。そして師は、特に見事な衣装で達人芸の二射を行って審査を締め括《くく》った。

二、三日後には、妻は、さらに華道の公式の審査において、師範の称号を認められた[38]。

弓道の奥義——「術なき術」へ

この時から稽古は新たな様相を呈するようになった。稽古の射はわずかで十分だとされ、師は弓道の「大いなる教え」を連関づけて説明され、同時に我々が達した段階に適応させることに移っていった。師は、説明自体は不思議なイメージとはっきりしない比喩で示されたにもかかわらず、わずかな暗示でも十分で、我々は何が問題であるのか理解した。

師は「術なき術」の本質の所を最も詳しく説かれた。弓道は、もし完成されるということがあるならば、そこまで行かねばならないのであると。師は言われた。

「兎の角と亀の髪で以《も》って射る、つまり、弓（角）と矢（髪）なくして的の真ん中に中《あ》てる人にして初めて、言葉の最も高い意味において達人であり、術なき術の達人、それどころか術なき術そのものであり、したがって達人と非達人が一体となっているのです。この転回点とともに、弓道は動きなき動き、舞うことなき舞いとして、禅へと移っていくのです」

帰国を前に

ある時、私が師に、今後、故国ドイツに帰ってから、師なくして、どのように先に進むことができるのでしょうかと尋ねた時、師は答えられた。

「あなたの問いは、私があなたに審査を受けるように言ったことによって、すでに答えられています。あなた方は、師匠と弟子が二つなのではなく、一つになった段階に達しています。それ故、あなた方は、いつでも私から離れられるのです。

たとえ広い海が間にあろうとも、あなた方が、習われたことを修する時には、私は常にそこに居ます。私は、あなた方に、規則正しい稽古をどんな口実の下でも放棄しないように、たとえ弓と矢がなくとも礼法を行じ、また少なくとも正しく呼吸することなしに、一日たりとも過ごさないように、とお願いする必要はないのです。私がそのことをあなた方にお願いする必要がないのは、あなた方が精神的な弓道をもはや放ってはおけないことを知っているからです[39]。それについて手紙で報告する必要はありません。ただ時々、〔弓を引いている会《かい》の〕写真を送って下さい。それによって、あなた方が弓をいかに引いているかを見れば、私が知るべきことを全て知ります。

ただ一つ、あなた方の心の準備として言っておかなければなりません。あなた方お二人は、この年月が経つ内に変わられてしまいました。これは、弓道が、すなわち射手の自己自身との究極の深さにまで達する対決が、もたらしたものです。あなた方は今までそのことにほとんど注意されなかったでしょうが、あなた方が故国で友人・知己に再会されると、そのことに否応なく気づくでしょう。以前のようにはしっくりとは合わないのです。あなた方は多くのことを違った風に見、違った尺度で測っているのです。それは私にとっても、そのように起りました、この道の精神に触れた人には誰でも、このことが起るのです」

別れ――〔弓道の精神でつながっている点で〕別れではないが――の時、師は彼の最もよい弓を私に手渡してくれた。

「あなたがこの弓を引く時には、達人の達人たることが現在していることを感じられるでしょう。

この弓を決して物好きな人に渡さないで下さい。そしてこの弓を持ち続けておられても、決して思い出として保存しないで下さい。一塊の灰の他には何も残らないように、これを葬って下さい[40]」

X．剣道と禅との関係

弓道と禅の影響

今や、私は、多くの人にとって、弓が人間同士の戦いの中で役割を果たさなくなって以来、極端に精神化してしまい、それ故、まともでない仕方で昇華されたのではないかという疑念を引き起したのではないかということを危惧する。そのように感じる人がいてもおかしいとは思わない。

それだけにますます、禅が日本の諸道、したがって弓道に根本から影響を及ぼしていることは、最近初めて言われたことではなく、何百年以上も前から言われていることを、今一度強調しなければならない。実際、過ぎ去った時代の弓の達人も、頻繁に試練を乗り越えなければならなかったことを知っていたが、彼も、この道の本質については、「大いなる教え」が彼の内に生きている現代の弓の達人が言明している以外のことは言えないだろうと思われる。何百年も越えて、この道の精神が同じであることは、禅自体と同様に、いささかも変わりはないのである。

しかしながら、常に起り得る疑い、私が自分の経験からも知っている、理解できる疑問に対処するために、比較のために別の道に眼を向けることにしよう。今日においても、勝負という意義が否定できない道、すなわち剣道に。

私が、このことを身近に考えるのは、阿波《あわ》師範が、剣を「精神的」に扱うことに熟達されており、時々、弓の師範と剣の師範の経験の間にある興味深い一致を指摘されたからだけではない。武士道が最盛期であった時代に、それゆえ、剣の達人たちが、命を賭けて一回限りのやり方で、その達人たることを証明しなければならない状況にあった時代の最高級の文献の記録があるからである。最も偉大な禅の師匠の一人、沢《たく》庵《あん》の小冊子『不動智神妙録《ふどうちしんみようろく》』(41)である。その中で禅と剣との結びつきについて、したがって、同時に剣の戦いの実践について、詳しく語られているのである。

『不動智神妙録』における剣と禅

私は、これが剣の達人の「大いなる教え」が、包括的かつ根源的に語られている唯一の文献であるかどうかは知らないし(42)、また弓道に関しても、類似する証言があるかどうかも知らない。(43) けれども、沢庵の書物が伝わっていることは大きな幸いであり、ここに出てくる有名な剣の達人〔柳生宗矩《やぎゅうむねのり》〕に対して書かれた手紙〔「不動智神妙録」〕を、本質的に短めることなく翻訳し、したがってきわめて広い範囲に通じるようにされたことは、鈴木《すずき》大拙《だいせつ》氏の大きな功績であることを認めるものである〔2〕。

私は、自分なりの整理と関係づけをして、何百年も前の人が、剣の達人境について、すでに何を理解していたのか、偉大な達人の間で一致していた見解は何かに、できるだけ見通しをつけ、説得力のあるように、際立たせるよう試みたい。

剣の達人たちの間では、自らにおいても、弟子においてもなされた教訓的な経験に基づいて、初心者は、元々は、強く、闘争心旺盛で、勇敢で、大胆不敵であっても、稽古を始めるや、囚《とら》われなさとともに、自信も失うことは、明らかなことと見なされている。今や、稽古において、剣の勝負で生命の危険となる、あらゆる技術的な可能性を知るようになる。彼は自分の注意力を極度に緊張させ、敵を鋭く観察し、敵の一撃を技法通りに避け、有効な攻撃をすることが、やがて出来るようになるとしても、〔稽古を始める〕以前の、やみくもに打ち、その瞬間と闘志で、半ば戯れて、半ば真剣に剣を振り回していた時よりも、下手になっている。今や、より強い人、より敏捷《びんしょう》で、より稽古している人には敗れ、彼らの的確な打ち込みに容赦なくさらされることを、自ら認め、受け入れざるを得ない。こうして彼の前には、たゆまぬ稽古以外に途《みち》はない。彼の師匠もさしあたり、それ以外の助言を知らない。そこで弟子は、他の人を、いやそれどころか自分自身を凌駕《りょうが》することに一切を賭ける。失った自信の一部を取り戻させる魅力的な技術を獲得する。目指すべき目標へ一歩一歩近づいているのを感じる。しかし、師匠は、これについて別のことを考えている。――沢庵が正当にも確信していたように。というのは、弟子のすべての技は、「剣によって心を奪われている」(44)ことに導くに過ぎないからである。

その際、初心者の稽古は、決して別様には与えられ得ない。それは、初心者にまことに合ったものである。にもかかわらず、それは目標に導かない。師匠はそのことをよく知っている。弟子は、彼の熱意と、おそらく生まれつきの素質にもかかわらず、剣の達人にはなれないということは避け難いことである。すでに長い間学んでおり、闘争心によって、無分別に心が奪われているのではなく、冷静さを保ち、自分の体力を周到に配分し、息の長い戦いにも耐えられることを感じ、広い範囲でもはや匹敵する敵は見出《みいだ》せない。それにもかかわらず、究極の尺度から見れば、無力であり、行き詰まっている、ということの問題はどこにあるのか。

沢庵によれば、それは弟子が敵と敵の剣の遣い方を注意深く観察している点にある。いかに有効に対処し得るかを考え、敵に隙が生まれる瞬間を待ち構えている点にある。簡単に言えば、自分の技や知識をそれに割り当てようとする点にある。彼は、そのように振る舞うことによって、沢庵によれば、「心の現在」を失っており、決定的な一撃に対して常にあまりに遅いので、敵の剣を「敵自身に向けて転じる」ことができない。彼は、剣の遣い方の卓越性を、彼の思慮に、自分の技量を意識して価値づけていることに、戦いの経験と戦術に、依存させようとすればするほど、彼は「心の働き」の自由さを妨げてしまう。〔この窮状から〕どうすれば抜け出せるか。いかに技量を「精神的」なものにするか。技術がすばらしく出来ることから、いかにしたら達人的な剣の遣いになるのであろうか。

答えは、ただ弟子が無心無我になることによってのみである。弟子は、敵からのみならず、自分自身からも離れなければならない。彼は、自らが今、そこにいる段階を通り抜けて、最終的にそれを乗り越えなければならない。完全に挫折するという危険を冒しても。このことは、ちょうど弓道において、中《あ》てるためには狙わないことを要求されるように。〔剣を〕当てるという目標と意図を完全に眼中から失うということは、まさに不条理に聞こえるのではないか。しかし、達人たることは、沢庵がその本質を書いているように、まさに戦いによって、何千回も真なることが証明されたことであることを考えなければならない。

師匠の仕事は、〔剣の〕道そのものではなく、究極の目標への道のやり方を、弟子の個性に合わせて見つけ出すことにあり、その責任を負うことにある。師匠は、さしあたって、敵に不意に打ち込まれても、その打ちを本能的に避けるようにさせることを心掛けるであろう。鈴木大拙氏は、貴重な逸話の中で、この容易でない課題を引き受けた、ある剣の達人の全く独創的な方法を叙述している。

そのためには弟子は、いわば新たな感覚、いっそう正確に言えば、すべての感覚を新たに目覚めさせることに達しなければならず、これによって、あたかも予感していたかのように、迫ってくる打ち込みをかわすことができる。このかわす術《すべ》に習熟すれば、もはや彼の敵の動きに、さらにはもっと多くの敵の動きに、同時に注意をして、眼を向け続けておく必要はない。むしろ彼が見、何が生じるのかを予《あらかじ》め感じた瞬間に、すでに本能的にこの打ちを避けているのである、知るのと回避するのとの間に「間髪を容《い》れず」[45]に。それ故、大事であるのは、この避け難い、石火のような反応であり、もはや意識的な観察を必要としない。この点において、弟子は少なくともあらゆる意識された意図に依存しないようになったのである。そして多くのことがすでに得られていたのである。

しかし、いっそう困難であり、大成するためには正しく本来的で決定的であるのは、弟子が敵を意のままにするやり方を考えたり、発見しようとするのをいかに阻止するかという、いっそう進んだ課題である。それどころか、彼がそもそも敵と関わっていることも、その際、生死が問題になっていることすら考えてはならないのである。

弟子はこの教えを、敵との関係にあることを、観察したり考えることを断念することだという風に理解する――彼にはこれ以外のあり様がないが。彼は、求められている断念を真面目にやろうとし、一挙手一投足をコントロールしようとする。彼は自分自身に集中することによって、敵を観察することに用心することで、自分自身を勝負の渦中にある者として以外は見れなくなっていることを見逃している。それ故、彼がそのことをいかにうまく考えようとも、依然としてひそかに敵を眼中に置いている。彼の敵から離れたのは見せかけにすぎず、ますます固く敵に結びつけられている。

注意を転換するだけでは、根本的に何も得られないことを弟子に納得させるためには、多くの微妙な心の指導が必要である。彼は、敵からも、自分自身からも目をそらして、したがって、徹底的な意味で無心となることを学ばなければならない。多くの辛抱強い、効果がすぐに見られない稽古が、このために必要である。まさに弓道において、そうであったように。

けれども、この修練が一旦目標に達したならば、十分に達せられた無心において、自分で努力している意識の最後の残りかすも消えるのである。この、自らを離れた無心の状態において、以前の段階で達せられた、本能的に避ける能力と驚くほど似た態度で適応するようになる。かつては、意図的なやり方で打ち込みを一瞥《いちべつ》することと避けることとの間に間髪を容れなかったように、今や避けることと先に進むことの間においても、同様となる。戦う者は、避けた瞬間には、すでに打ち出しており、それを予期する前に、すでに致命的な打ちが、過《あやま》たず、抗しがたく落ちているのである。あたかも剣それ自身が行ってしまうように。弓道において言わざるを得なかったように、「それ」が狙い、「それ」が当てるのである。ここでは、自我の代わりに「それ」が現われたのであり、自我が意識的な努力によって身につけた能力と準備されていたものが、自らを操るのである。そしてここで「それ」とは、〔通常の〕人は理解できず、肯定できないが、それを経験した人にのみ、明らかな何ものかを名付けたものである。[3]剣道の完成は、沢庵によれば、我と汝《なんじ》、敵とその剣、自己の剣とその遣い方について考えることなく、それが出来るようになれば、生と死についても、心を煩わせないようになることにある。

「それ故、全ては空であり、汝自身も、引く剣も、剣を遣う腕も、それどころか、空という考えももはやない。このような絶対的な空から技の驚くべき展開が生じるのである」と、沢庵は結論するのである。

武士道との関係

弓道と剣道に当てはまることは、同じ観点から、他のあらゆる道にも言われ得る。さらなる例を出すと、墨絵において、達人たることは、次の点にある。技術を完璧に身につけた手は、精神が形を取り始める同じ瞬間に描き、頭に浮かんだものを間髪を容れずに、目に見えるようにする。絵に描くことは、自然に画くことになる。そしてここでも、絵師に対する教えは、次のように言っている。「竹を十年の長きにわたり見つめよ。自ら竹になり、それから全てを忘れて描け！」[46]

剣の達人は、初心者のように、再び〔何にも〕囚《とら》われてはいない。稽古の初めに失われたあれこれ考えない心は、最後に〔すべてに〕囚われない風となって再び獲得される。しかし初心者との違いは、彼が慎重で、落ち着いており、謙虚であり、どのような意味でも誇示することがないことである。初心者たることと達人たることの二つの段階の間には、いろいろな事がある長年のたゆまぬ修練がある。禅の影響の下に、技量は精神的になる。しかし修行者自身は、段階から段階への内的な克服において、より自由になり、変容している。彼の「魂」となった剣は、もはや鈍《なまくら》で鞘《さや》に収まっているのではない。やむを得ざる時にのみ、彼は剣を抜く。相応《ふさわ》しくない相手、筋骨隆々を誇示するような粗野な者との勝負は避け、卑怯という非難を笑いながら自ら引き受けるが、他方、あくまで戦おうと向かってくる相手に対しては、敵に対する尊敬から、名誉ある死を与える。ここには、侍のエートス、比類なき「武士の道」、武士道と呼ばれる心情が現われている。というのは、剣の達人にとっては、他の何ものよりも尊く、名誉や勝利、さらには命よりも尊いのは、彼が経験した、そして彼を導いている「真理の剣」である。

剣の達人は、初心者のように恐れを知らないが、初心者とは違って、日を追って恐怖をもたらすものには近寄れなくなっている。何年もの間、絶え間なき瞑想《めいそう》の中で、生と死は根本から一つであり、同じであり、同じ宿命ということに属していることを経験する。彼は、生の不安と死の恐怖が何であるかもはや知らない。彼は、世の中に喜んで生きている――これは禅にとって際立った特徴的なことである――が、しかしいつでも世の中と別れる用意がある。死への考えによって、惑わされることなく。侍の魂が語られる象徴として、散りゆく桜花が選ばれていることは偶然ではない。朝日の光の中で桜花がいかに散っていくか、明るく、ひらひらと大地に舞っていく。現存在の恐怖から自ら離れていくことができる、一言も発せず、内面的に動揺することもなく。(47)

死の恐怖から自由であるということは、いかなる時にも死を前に震えていないことと思い違いしていることや、死の試練に打ち勝つことを恃《たの》みとしていることを意味するのではない。生と死を悟った者は、恐怖とはいかなる感じのものかもはや追体験できない程に、あらゆる恐怖から自由である。真剣で持続する瞑想の力を経験から知らない者は、瞑想がいかに克服を可能とするかを計ることができない。いずれにしても、完成された達人は、言葉によってではなく、まさに彼の振舞いにおいて、一挙手一投足において、彼の恐怖のなさを露《あら》わにしている。人はこれを認め、これによって深い感銘を受けるのである。揺るがない無畏《むい》（恐れを知らぬこと）は、それゆえ、そのものとして、すでに達人境である。それは他ではあり得ないような、ごくわずかの人のみが現実的には体得しているのである。このことを証拠によって証明するために、私は、『葉隠《はがくれ》』からある箇所を引用することにする。この書は十七世紀半ばに成ったものである。[4]

剣の達人境の逸話

柳生但馬守《たじまのかみ》[5]は、剣における偉大な達人の一人であり、当時徳川《とくがわ》将軍家・家光《いえみつ》に、この道を指南していた。ある日、旗本の一人が但馬守の許《もと》へ来て、剣術の指南を願い出た。

師範は言った。「拙者が拝見するところ、貴殿は、いずれかの流派の師匠に違いないとお見受け致す。師弟の関係に入る前に、いかなる流派に属されていたのか、お伺いしたい」

旗本は答えた。「恥ずかしながら、拙者はこの道を習ひしことはございません」

「貴殿は拙者を愚弄しておいでか。拙者は畏《かしこ》くも将軍家の指南役なるぞ、拙者の眼は欺かれぬと存ずる」

「御意に逆らひて恐れ入りますが、拙者は実際に何も存じてはおりません」

この否認があまりにきっぱりとしたものだったので、剣の達人は考え込んでから、ついに言った。

「貴殿がそこまで仰《おつしや》るならば、そうであろう。されど貴殿は、何かの専門の師匠であるのは確かであろうとお見受けする。拙者には何かとは正確に見ることは出来ぬが」

「確かに殿がたってと仰るのでしたら、申し上げます。拙者には、自らをそれなりの達人と称しても許されると思う、ある事がございます。拙者がまだ童で御座いました折に、侍としていかなる状況においても死を恐れるべきにあらずと存じておりました。それ以来、ほんの数年前まで、死の問題と格闘して参りました。そしてついにこの問題について、思い悩むことが無くなりました。殿が仰られているのは、もしやこのことかと存じます」

「拙者が申したのは、まさにこのことで御座る」但馬守は答えた。

「拙者のお見受けが間違っていなかったのは、嬉しきことで御座る。剣の極意も、死の恐れを解くことに御座る。拙者は何百人も門弟を抱えて、この目標を目指して指南仕《つかまつ》るが、今まで何人《なんぴと》も剣道の最高の位に達してはおらぬ。貴殿は技術的な修練はもはや必要は御座らぬ。すでに立派な達人で御座る」

剣道が習われる修練の場は、昔から「道場」(悟りの場)という名前を掲げているのである。

XI　術なき術の道から禅へ

禅によって規定されている道の達人は、誰しも全てを包む真理の雲からきらめく稲妻の光のごとくである。彼の精神の自由な働きにおいて、真理は現在している。「それ」において、彼は根源的で名付けようもない存在として真理に出会っている。彼は、この存在に繰り返し、彼があり得ることの最も極端な可能性として出会っており、真理は彼にとって――彼を貫いて他の人にとっても――何千もの形式や形態をとって認められる。彼が辛抱強く、謙虚に従ってきた絶えざる修練にもかかわらず、彼はまだ禅によって仮借なく貫かれ、彼の生のあらゆる任意の表われも禅によって担われており、日々是好日というところまでには、徹底しておらず達してはいない。彼にとって、最高の自由は最も深い必然性となっているのではないのであるから、彼はこの終極に抗しきれずに駆り立てられるや、新たな道――術なき術の道へと赴かなければならない。

彼は根源へと敢《あ》えて飛び込まなければならない。それによって、真理に基づいて生きる、真理と完全に一体となった人のように。彼は再び弟子になり、初心者になり、彼が登ってきた道の最も嶮《けわ》しい究極の部分を乗り越えて、新たな変容によって通り抜ける。彼がこの冒険に打ち克つ時には、その宿命が円成する、毀《こぼ》つことなき真理、あらゆる真理を超えた真理、あらゆる根源の形なき根源、すなわち無、全て有るものでもある無に出会う。無によって呑《の》み込まれ、無から再生するのである。(48)

原注

［1］鈴木《すずき》大拙《だいせつ》著『大いなる解放　禅仏教入門』(Leipzig ; 1939)
〔訳注　"An Introduction to Zen Buddhism" (1934) のドイツ語訳。最近の邦訳は増原良彦《ますはらよしひこ》訳『禅仏教入門』（春秋社）〕

［2］鈴木大拙著『禅と日本文化』八二頁以下。
〔訳注　『鈴木大拙全集』第十一巻（岩波書店、一九七〇年）第四章「禅と剣道」一五九―七〇頁にほぼ全訳が見られる（最後の補足部分は省略）。ただし大拙は、一九三八年版では『武術叢書』所収の『不動智神妙録《ふどうちしんみようろく》』に拠《よ》っていたのを、一九五九年版の改訂版では『沢庵和尚全集』第三巻所収本によって『武術叢書』に欠けていた一部も書き加えている。解説に関してもかなり大幅に書き換えている（両者の異同に関しては、全集第十一巻一五一―一六七頁参照）〕

［3］比較のためには、ハインリッヒ・フォン・クライストの論文「操り人形について」を推奨する。クライストは、全く違った出発点からここで扱っている主題

に驚くほど近づいている。

［4］前掲『禅と日本文化』五九頁以下。

〔訳注　初版に拠る。底本には、この注の箇所の記載が抜けている。日本語訳は前掲『禅と日本文化』第三章「禅と武士」四二―四三頁に掲載。元来は『葉隠』巻十一の一三三（『葉隠』下（岩波文庫）二〇六―二〇七頁に載せられた逸話。これは、佐賀小城藩《さがおぎ》の家老で新陰流《しんかげ》を学んでいた「村川宗伝咄《はなし》」とする。大拙の訳文中の「剣道」は原文は「兵法」である）。なお、大拙が『葉隠』を十七世紀半ばとしているので、ヘリゲルもそのまま書いているが、『葉隠』は十八世紀初めの成立である〕

［5］沢庵が『不動智神妙録』を宛てたのと同じ師範である。

訳注

（1）柴田治三郎訳『日本の弓術』（岩波文庫）のこと。

（2）英文の“An Introduction to Zen Buddhism”（1934）のドイツ語訳。ユングの序を付けて一九三九年刊。

（3）Kunstを「道」と訳す理由は、本書収録の講演「武士道的な弓道」（以下、講演と略記）訳注（1）参照。

（4）講演訳注（12）参照。

（5）インドで成立した坐禅の修行に基づく「禅定」（Dhyana）が中国においては禅宗として展開し、日本に伝わって今日まで生ける伝統があるという捉え方をしている。インド、中国、日本での禅の展開についてのより詳しい解説は、『世界の名著　禅語録』（中央公論社、一九八〇年）の柳田聖山の解説参照。

（6）鈴木《すずき》大拙《だいせつ》の英文著作“Essays in Zen Buddhism”（Vol.1 1927, Vol.2 1933, Vol.3 1934）。ヘリゲルの禅理解は当初からこの書に負うところが大きいので、この書名を挙げている。

（7）ヘリゲルは、ハイデルベルク大学で当初は神学部に属し、中世のドイツ神秘主義のマイスター・エックハルトを研究していたが、限界を感じて哲学に転じた。講演I参照。

（8）講演訳注（7）参照。「離脱」についてのエックハルトの論述は、上田閑照『マイスター・エックハルト』（講談社、一九八三年）二六九―二八二頁参照。

（9）ヘリゲルは、当時私講師で、日本人留学生の家庭教師をしたり面倒を見たりしていた。一九二一年に留学してきた大峡秀英は、鎌倉の円覚寺に参禅し、居士であったが、釈宗演の弟子釈宗括から印可を得ていた。ヘリゲルは大峡に禅のことを初めて聞いた。大峡は、アウグスト・ファウストと禅籍の最初のドイツ語訳『禅　生ける仏教』（一九二五年）を刊行するが、ヘリゲルはその翻訳作業にも協力した。禅を「生ける仏教」と形容するのは、この書による。

（10）ヘリゲルは、一九二四年五月に東北帝国大学に赴任した。阿波に入門したのは、入門の労をとり通訳をした小町谷《こまちや》操三《そうぞう》によると、翌々年の「大正十五年の春ごろ」（『日本の弓術』岩波文庫六九頁）である。本書にあるヘリゲルの入門からの年数の記載は、当時の日本の慣例にもよって、足掛け何年の記述のようである。本書、解説参照。

(11) 妻グスティが、生け花と墨絵を武田《たけだ》朴陽《ぼくよう》に習ったのは、東北帝国大学に先に勤めていたドイツ人教師・モーリス・パンゲの紹介であったようである。武田は池の坊など古流から本源流を拓《ひら》いたが、活《い》けた花を記録するため墨絵もよくした。武田の著書『御国の花』(一九二七年)には多数の生け花の墨絵が載せられている。武田は、阿波とも懇意であった。

(12) ヘリゲル夫妻は毎週一回、阿波道場に通ったが、その時は日本人の弟子に遠慮してもらい、小町谷の通訳による個人指導であった。夫人の稽古には、阿波の妻フサも協力していた。阿波は、「かような奇特な、しかも哲学者である外国人に、弓道の精神を理解していただくことは、自分の衷心から欣快とするところ」(『日本の弓術』七三頁)だとして、謝礼は受け取らなかった。

(13) 武田朴陽は、妻への指導のために毎週ヘリゲルの自宅に来て出張教授していた。千葉《ちば》胤成《たねなり》の通訳で行われた指導の様子をヘリゲルは見ていたのである。本書Ⅵに墨絵と生け花についての考察が書かれている。

(14) 阿波は、正しい引き方を教えるのに、弟子の正面に向かい合って立って、弟子の左右の手に両手を添えて一緒に引き分ける弦執《つると》りと呼ばれる稽古をしている。

(15) 「満を持する」という語は、弓を十分に引き絞って発射の機を待つことが元の意味であった。ここから一般に、準備を十分にして機会を待つ意味で使われるようになる。

(16) 力が入っている部分を押して、力を抜くように指導していたのである。

(17) 阿波《あわ》は「丹田《たんでん》呼吸法」と言って、「必ず腹筋に呼吸し丹田に入れて神力を充実すること。(中略)引き取りて丹田で弦を押し、左右の手を借るべからず」(櫻井保之助『阿波研造』一五三頁。以下阿波と略記)と教えていた。

(18) 弓道では「射法八節」に分けている。「足踏み、胴造り、弓構《ゆがま》え、打ち起し、引き分け、会、離れ、残心」である。ヘリゲルは、欧米人を読者とする本書では詳しい技法には触れず、最初の「足踏み、胴造り」を略している。けれども最初に両足の踏む位置を決め、下半身を安定させることが、重要である。その人の体型によって両足の踏み開く距離と角度は異なるが、腰が安定してこそ、左右均等な引き分けが可能になる。解説参照。

(19) アンタエウス(ギリシア名アンタイオス)は、ギリシア神話で、大地の女神ガイアの子。足が地に着くと、母のガイアの援助で力を増したとされる。

(20) 四つ弽《がけ》を使っている。弽は親指の根元に弦溝《つるみぞ》が切ってあり、そこに弦を掛けて引き分ける。

(21) ここには左手の叙述はないが、発射の瞬間に弓を持っている親指の付け根の角見の一点が押されるので、弓が手の内でくるっと一回転すること（弓返《ゆがえ》り）で、衝撃を吸収する。この左手の働きと、弦を離した右手が後方に開くのが同時に起れば、全身は動揺することがなくなる。

(22) 百足の話。『鈴木大拙選集』第九巻六六頁。百足がどうしてそんなにたくさんの足を揃えて動かすことができるのかと尋ねられて、それに心を止められ、考え出すや、足の間に大混乱が生じて銘々勝手に動こうとして、動けなくなったという話。

(23) 弓道では、真の離れは、「満を持して気迫をたたえ、間断なく天地左右に伸長して発射の機を熟させ」（全日本弓道連盟編『弓道教本Ⅰ』一一五頁）、「機が熟して自然に離れる」（同一二〇頁）。それは「気合いの発動により内面的な爆発力によって生じる」（同一二一頁）とされている。実際に行うのは上級者でも大変に難しいが、阿波は弓道修行の眼目として初めからこの課題に取り組ませて、機が熟して自然な離れが生ずるのを「無心に」待てと教えていた。

(24) 阿波は初心者の段階だけでなく、上級者に対しても、弦を執る稽古法によって正しい射形を指導していた。

(25) 阿波は、長く吐いてゆく息を数える禅の数息観《すそくかん》を重視して、弟子にさせていた（阿波一五四）。ヘリゲルは遺稿『禅の道』において、禅の「呼吸法」について詳しく書いている（榎木真吉訳『禅の道』講談社学術文庫二八―三〇頁）。

(26) ヘリゲルの『禅の道』にも、禅堂での坐禅《ざぜん》の際に呼吸法に集中していても睡魔に襲われた時に、警策で覚醒させられることが同様の書きぶりで書かれている（『禅の道』訳二九頁）。

(27) 「精神現在」は、鈴木大拙訳「不動智神妙録《ふどうちしんみょうろく》」（『禅と日本文化』）の叙述をヒントにした表現と見られる。全身に精神が行き渡っていて、どこにもどのようにでも動き得る状態を言う。以降、本書では「無心」の表現として使われている。

(28) 能楽であれば、鏡の間で面を掛ける時の集中であり、神楽《かぐら》においては、舞う以前の神の憑依《ひょうい》する集中のことを指す。

(29) Vにおいて、弓道での体配のことを、礼法と呼んでいた。それを応用して芸道の準備作業も一つの形《かた》（型）であり、芸道者が深く沈潜する導きの手段となるとする。

(30) 武田行男も、東北帝国大学に入学した時に、阿波の前で手先で細工する「弽《ゆがけ》ほどき」をして的中させたが、阿波に黙って弓を取り上げられた。武田は呆然《ぼうぜん》としてしばらく弓を取れなかったが、随分経って詫《わ》びに行くと、阿波は「ああいう弓を引いておったんじゃ人格をだめにしてしまう。弓というものは人格を向上さすために道具としてやっておることだから、中ってばかりやる様な弓ではやらん方がよろしい」と言ったという。「修業したいなら朝来い」と言われた武田は「それから毎日朝五時、冬は五時半頃から雨の日も雪の日も〔道場に〕通」ったという（『弓道』昭和四〇年七月号「阿波範士とその弟子オイゲン・ヘリゲル博士のことを小町谷博士に聞く」その二）。

(31) 弓道では、機が熟して自然に離れることを、「自満」と言い、意識的に満を持する「持満」と区別している。

(32) 阿波は、「此処で放せば中るだろうからつい妥協して、ぽんと放して終うのが通例であり、大抵はここから一歩も出ることがない」「自我中心の利己的の射」を批判して、「思想と行為とが火の玉となって溶けあう」「行としての弓道」を主張し、「行き詰まった絶対《ママ》絶命の境地におけるその発力が真の力であり、正しく生きんとする第一歩であり、此処を突破して初めて心の世界に這入ることが出来る」とした。そして「丹田より発する烈々霊気を以て発す」時、「ここまで突破して来ると、実に嬉しくすがすがしい、真の愉悦を味わうことが出来る」（阿波四三四）と教えている。

(33) 原文は六〇メートルとなっているが、弓道の通常の的は二八メートルであるので、訂正する。弓道の遠的の場合が六〇メートルなので、ヘリゲルは執筆の時に勘違いしたか。

(34) 弓道では、一手《ひとて》二《に》射《しゃ》を射るが、最初に射る羽が外向きの矢を甲矢《はや》、次に射る内向きの矢を乙矢《おとや》と言う。

(35) 後にこの時のことを安沢平次郎《あんざわへいじろう》に聞かれた阿波は、垜《あずち》に矢を取りに行ったヘリゲルがいくら経っても帰ってこないので、矢道を出掛けていくと、的の前でヘリゲルは「声も出さず凍てついたように座っていた」。そして「そのまま矢を抜かずに持って来た」。その意図を尋ねられて、「あれは偶然だよ。こんなこと別におれはして見せたつもりでもねえんだ」と語ったという（阿波二九六）。

(36) 阿波は、「真の的中とは、内心正しく――真面目崇高なる精神をもって、外体直にして――天地に瀰漫《びまん》し、上は三十三天を貫き、下は地軸を貫通し、上下に貫かんとする大気、無限に左右に開かんとする精神力と収縮せんとする弓の力、即ち人間と弓との合致点の微妙なる平均点、無発大周円をいう」（阿波一六〇）。
「人間と弓との合致点まで行った時、射を行わんとする心も、射にある心も、結果を希う心も、一切脱離して、無限の大きさに合致せんとする、大きさと軟かさと安らかさと明るい世界に、初めて自己の本然の大自然を識るのである。即ち、この境地を、射裡見性というのである」（阿波一九六八）と言っている。

（37）この時、ヘリゲルは、大射道教五段、妻グスティは二段を授与された。小町谷は、「そのころの彼の射は実に立派なものであった。」「彼に五段の免状を授与した。これは決して外国人なるが故に、審査の標準を下げたものではなく、確かに実力に相応したものであった」（『日本の弓術』九三―九四頁）。また武田行雄は、昭和四年の大学主催の射会でヘリゲルの射を見て、「射は会が深く、射型も立派であった。博士の目は鋭い方だったが、会に入った時、眼を半眼にして、的に注いでおられる様子が印象に残っている」（池沢幹彦『弓聖　阿波研造』七三頁）。

（38）グスティは、武田朴陽から本源流の師範の資格を得、「昇月」という号と、武田の家紋の入った羽織を贈られたという。グスティは、後に"Zen in der Kunst des Blumenweges"（『生け花の道における禅』一九五八年）を著すことになる。

（39）ヘリゲルは、ドイツ帰国後も、実際にたえず稽古していたという。解説参照。

（40）阿波《あわ》から贈られた弓は、戦後エアランゲンのヘリゲルの自宅が米軍により突然に接収された時に米兵により掠奪《りゃくだつ》されたが、ヘリゲル没後、接収が解除された後、グスティの奔走によって奇蹟《きせき》的に戻った。その後、阿波の高弟安沢平次郎《あんざわへいじろう》のヘリゲル墓参の時に同行した円覚寺《えんがくじ》の須原耕雲《すはらこううん》に、託され、現在では円覚寺・居士林《こじりん》に蔵されている。

(41) 沢庵宗彭《たくあんそうほう》（一五七三―一六四五年）が寛永《かんえい》九年（一六三二）頃に柳生宗矩《やぎゅうむねのり》（一五七一―一六四六年）に宛てた禅の立場から剣術の極意を説いた著述。宗矩はこの教えを入れて『兵法家伝書』（一六三二年成立）を書く。この中でも「法の師の教えによりて」と「平常心是道」（馬祖《ばそ》）などの禅語を引用しながら、剣禅一致の論を展開することになる。

(42) 『不動智神妙録』は刊本にもなって広がった。剣術に禅の教えを入れた論は、これより少し後だが、東福寺《とうふくじ》の虎白《こはく》和尚に参禅した針ヶ谷夕雲《はりがやせきうん》の無住心剣《むじゅうしんけん》などにも見られる。また老荘思想なども含めて「心法論」が展開する。明治になってから山岡鉄舟《やまおかてっしゅう》は剣の極意が禅に通じるとして無刀《むとう》流を唱えた。心法論の系譜は、富永半次郎著『剣道における道』（一九四三年）などに説かれる。

(43) 弓道の歴史では、神道、儒教の影響が強く、禅の影響はほとんど見られない。大正後期から昭和初期、大平善蔵、阿波研造、梅路見鸞が「弓禅一味」を唱え、それぞれの組織を立ちあげた。解説参照。

(44)『不動智神妙録』の「心をとられる」の訳。

(45)『不動智神妙録』にある「間髪を容《い》れず」の訳。

(46)妻グスティに生け花と墨絵を教えていた武田朴陽の言葉と思われる。芭蕉《ばしょう》の「松のことは松にならへ、竹のことは竹にならへ」を踏まえた教えであろう。

(47)武士と桜に関するヘリゲルのイメージは、阿波に強く影響されていると思われる。当時の桜にこめられたイメージについては、大貫恵美子著『ねじ曲げられた桜　美意識と軍国主義』(岩波書店、二〇〇三年)参照。

(48)ヘリゲルは「禅そのものの本質について書くこと」を「次の計画」としていた(本書序文)が、一九五五年四月に亡くなる前に、「原稿を焼き捨ててしまった」(妻グスティの一九五五年五月十日付書簡)。遺稿「禅の道」は、残っていた草稿と接収解除後に自宅の地下室から発見された草稿を合わせて、妻と弟子タウゼントによって編集したものである("Der Zen Weg" 1958, Munchen／邦訳榎木真吉訳『禅の道』講談社学術文庫、一九九一年)。

英語版・ドイツ語版『弓と禅』序文

鈴木大拙

1. 本書の英語版 "Zen in the Art of Archery" (Vintage Books, 1989) に収録されている鈴木大拙の Introduction (vii－x頁) の翻訳である。なおドイツ語版 "Zen in der Kunst des Bogenschiessens" (第四版以降) にもそのドイツ語訳が掲載されている。

2. 英語版は、文中の「五祖法演」の没年を一一四〇年とするが、一一〇四年に正した (ドイツ語版も訂正している)。

弓道の稽古《けいこ》において、そして日本において、あるいは恐らく他の極東の諸国において学ばれているあらゆる道の稽古において、我々が気づく最も重大な特色の一つは、それらが実用的な目的だけや純粋にアスレティックな楽しみのために行われているのではなく、心の修練を意味し、実際に心を究極のリアリティに接触するようにもたらすことを意味するのである。それ故、弓道は単に的に中《あ》てるためだけに稽古されるのではない。剣士は、敵に打ち勝つためだけに剣を稽古するのではなく、舞い手はあるリズミカルな身体の動きを演じるためだけに舞うのではない。心はまず第一に無意識的なものに合わせなければならない。

もし人が本当にある道をマスターしようと願うなら、その技術的な知識だけでは十分ではない。人は技術を超えなければならず、その結果、〔術を行う〕道は、無意識に至って「術なき術」になるようになるのである。

弓道の場合には、射手と的とはもはや二つの対立した物ではなく、一つのリアリティである。弓道家は、向かっている的を中てることに従事する人間として意識することを止める。この無意識の状態は、完全に空《くう》となって自己から抜け出て、自らの技術的な技を行える者になった時にのみ、実現できる。その状態においては、道を漸進的に学習することによっては獲得出来ない、全く違った秩序にある何ものかがあるのである。

禅を、他の全ての宗教的、哲学的、神秘主義的な教説から最も特徴的に異ならせていることは、日常生活の外に行くのではないながら、しかも禅が、あらゆる実践性と具体性を以《も》って、世俗的な強欲さや落ち着かなさの場面から離れた立場にある何物かを持っていることである。

ここにおいて、禅と弓道との間のつながりに気づく。そして禅と剣道、華道、茶道、舞い、さらに絵画などの諸道とのつながりにも気づく。

馬祖《ばそ》(七八七年没)によって宣言されたように、禅は「平常心」である。この「平常心」は、「疲れれば眠り、空腹になれば食らう」という以上ではない。我々は反省し、考え、思考するやいなや、元来の無意識は失われ、思惟《しい》が邪魔をする。我々はもはや食べながら食べず、眠りながら眠らずということになる。矢は弦《つる》を離れても、的に向かって真っすぐに飛んで行くのではなく、的はそれがあるところの場所にはない。

間違った計算である計算をすることが働いている。弓道でやること全体は間違った方へ行く。射手の混乱した心は、活動のあらゆる方向とあらゆる方面でそれ自身を裏切ってしまう。

人間は考える葦《あし》であるが、彼の偉大な仕事は、彼が計算せず考えない時になされる。「子供のごとくあること」は、長年の道の訓練により自己を忘れること〔無心〕が回復されなければならない。このことが到達されると、人は考えるが考えない。彼は、にわか雨が空から降ってくるように考える。彼は、海で波が渦巻くように考える。彼は、星が夜の天空に輝くように考える。彼は、新緑の葉が春のそよ風に憩いながら出るように考える。本当に、彼は、にわか雨であり、海であり、星であり、葉であるのだ。

人が、「精神的な」発展のこのような段階に達した時には、彼は生命の禅の芸術家である。

彼は、絵師のようにキャンバスや絵筆を必要としないで、描く。彼は、弓道家のように弓と矢と的、その他の装備を要求しはしない。彼は、彼の手足、身体、頭と、その他を持っている。彼の禅の生命は、これらの「道具」すべてによってそれ自身を表現しており、それの表明として重要である。彼の手と足が絵筆であり、全宇宙が彼の七十年、八十年、あるいは九十年の生命を描くキャンバスである。この描かれた絵が「歴史」と呼ばれる。

五祖法演《ほうえん》（一一〇四年没）は言う、「ここに一人の人物がいる。宇宙の空虚を一枚の紙に変え、大海の波を墨の壺《つぼ》に変え、須弥山を絵筆に変えて、「祖師西来意《そしさいらいい》」という五つの漢字を書く。[1] このようなものに向かって、私は坐具《ざぐ》[2]を広げ、深く礼拝をするのである」。

人は問うかも知れない、「この法外な宣言は何を意味するのか。何ゆえに、このような際立った行いを成し得る人が、最高の尊敬に値すると考えられているのか」、と。禅の師家は多分このように答えるだろう、「腹が減れば食らい、疲れれば眠る」、と。もし彼が自然に関心があれば、「昨日は晴れていたが、今日は雨である」〔日々是好日〕と言うかも知れない。しかしながら、読者にとって、問題はまだ解かれないままかも知れない、「射手はどこにいるのか」、と。

この素晴らしい小著において、ヘリゲル氏——ドイツ人の哲学者であり、日本に行って、禅を理解することを目指して弓道の稽古をした——は、彼自身の経験に基づいて、一つの絵を描いてみせた。彼の表現を通じて、西洋の読者は、まさに奇妙な、何か近づくことが出来ないように思われる東洋人の経験について考える、より親しいやり方を見出《みいだ》すであろう。

鈴木大拙

マサチューセッツ州　イプスウィッチにて
一九五三年三月

原注

［1］この五つの漢字は、言語的に翻訳すれば、「禅の開祖が西方から来た動機」を意味する。このテーマは、禅問答の主題としてしばしば取り上げられる。それは、禅において最も根本的な事柄について問うのと同じである。これが理解されれば、禅はこの身体それ自身である。

［2］坐具は、禅僧が持ち歩く物の一つである。仏陀《ぶつだ》や師に向かってお辞儀をする時に、禅僧の前に広げられる。

解説

I. オイゲン・ヘリゲルの生涯

本書の著者オイゲン・ヘリゲル（Eugen Herrigel）は、一八八四年ハイデルベルク近郊のリヒテナウに生まれた。ハイデルベルク大学で最初は神学を学んだが、哲学に転じ、一九一三年ヴィンデルバントの下で博士号を取得した。翌一四年、第一次世界大戦が起こると、一九年までの約五年間軍務に就いた。戦後、母校に戻り、新カント派西南ドイツ学派に属し、一九二三年にリッケルトの下で大学教授資格を得た。この年にはエミール・ラスク全集全三巻を編纂《へんさん》している。

ヘリゲルは、学生時代からドイツ神秘主義のマイスター・エックハルトに惹《ひ》かれていたが、その思想の根本にある自己からの「離脱」（Abgeschiedenheit）という経験に至る方途がなく、その研究を断念していた。けれども一九二一年ハイデルベルク大学に留学してきた大峡秀英《おおはさましゅうえい》により禅仏教の存在を知り、日本では、まさに自己からの離脱を眼目とする修行法の伝統が、現代まで受け継がれていることに驚いた。まだ私講師だったヘリゲルは、ハイデルベルクに留学してきた日本人の世話もしていた（三木清『読書遍歴』参照）。そんな中、東北帝国大学で哲学を教える仕事の話があったので、喜んで受けて一九二四年五月に来日したのである。

東北帝国大学での担当科目は、西洋哲学史、古典語（ギリシア語、ラテン語）などであった。教え子の稲富栄次郎《いなとみえいじろう》によると、講義は新カント派の価値哲学を中心とし、Kant - Lotze - Windelband - Rickert - Lask - ? と板書していたという。この最後には、西南ドイツ学派の正統を継いでいる自分が入るという自信を持っていたらしい。

ヘリゲルは新カント派の中でも対立していたマールブルク学派のコーヘンやナトルプは間違っていると一蹴《いっしゅう》していた。カントの『純粋理性批判』を十五回読んだが、カントが知られていないので、いずれ「知られざるカント」について書くと語っていたという。ヘリゲルは、"Urstoff und Urform"（『原素材と原形式』）（一九二六年）を著し、次いで"Die Metaphysische Form"（『形而上学的形式』）（一九二九年）と題したカント論を著し、東北帝国大学から文学博士を取得している。同年には、ハイデガーの『カントと形而上学の問題』も刊行されたので、両者のカント論が当時話題となったという。新カント派から出発して、『存在と時間』(一九二七年)で独自の思想を展開した五歳下のハイデガーには、終生対抗心を持っていたようである。また東北大学では、キリスト教史の石原謙《いしはらけん》と一緒にエックハルトを読んでいた(『石原謙著作集』岩波書店、第四巻四頁参照)。

来日後、禅を学びたいと思ったが、「不立文字《ふりゅうもんじ》」として言語を拒む禅の世界に外国人が直接入るのはあまりに困難だというアドバイスもあって、「禅の予備門」として、「弓禅一味《きゅうぜんいちみ》」を唱えて第二高等学校・東北大学で弓道を教えていた阿波研造《あわけんぞう》に弓道を学ぶことにしたのである。

『弓と禅』では来日してすぐに弓道を学んだように読めるが、実際には少し間があったようである。来日時には、身重の妻バロネッセが一緒であったが、三か月後に死産をし、彼女自身も亡くなった。翌年九月にヘリゲルはアウグスティ(グスティ)と再婚した。そうした身辺の大変動の後、妻グスティとともに阿波に入門したのは、通訳を務めた小町谷操三《こまちやそうぞう》の記憶の通り「大正十五年(一九二六年)春」(小町谷「ヘリゲル君と弓」『日本の弓術』岩波文庫、六九頁。以下、小町谷と数字は同書からの引用)であったと思われる。ヘリゲルは「ほとんど六年にわたる弓道の稽古《けいこ》」と書いているが、阿波についた稽古は実質四年数か月だったようである。

ヘリゲルは週に一度阿波道場に通い、通訳をしてもらいながら、妻とともに個人指導を受けていた。夫婦で学んだので、阿波の指導を互いに客観的に見ることも出来、阿波に関して夫婦で話すことがあったであろう。阿波の熱心な指導の下、禅の世界を知ろうと真剣に弓道を学んだのであり、自宅に巻藁《まきわら》を置いて熱心に稽古していた（小町谷八二）。阿波との対話はメモに残していたらしい。この弓道の稽古によって自らがいかに変容したかは、本書に詳しく書かれている。ヘリゲル夫妻は一九二九年五月に仙台《せんだい》を去って、ドイツに帰国した。

ドイツに帰国後、エアランゲン大学の哲学の正教授になったが、ドイツの哲学界は二〇年代後半から現象学、解釈学、実存思想などが盛んになり、新カント派は凋落《ちょうらく》していた。ヘリゲルも帰国後は哲学的著作を著していない。一九三三年からはナチスが政権を獲得しドイツの大学環境は大激変した。

ヘリゲルは帰国後も弓道の稽古を続けて、自ら進歩したという自信も出来たようで、一九三六年二月にベルリンの独日協会で「武士道的な弓道」と題する講演を行った。小町谷によると、ヘリゲルはこの原稿を送ってきて、訳して阿波の評を聞いてくれないかと頼んできた。阿波が「一つも非難すべきことはない。日本の弓道がこのように立派に外国に紹介せられたことを非常に悦《よろこ》ぶ」と語ったと報《し》らされると、「やっと安心した」と書き送ってきたという（小町谷九六）。いずれもっと「深い専門的な書物」を書くつもりだと言っていたが、なかなか実現しなかった。

一九三九年からドイツは第二次世界大戦に突入した。ヘリゲルは三八年にはエアランゲン大学の副学長となり、四四年から学長を務めた。けれども四五年から連合国軍がドイツ各地に進攻し、五月にはベルリンも陥落、ドイツは無条件降伏した。エアランゲンも四月に米軍に占領され、八月には新築間もないヘリゲルの自宅は米軍に突然接収されて家財道具も奪われたという。戦後、各地の占領軍によって非ナチ化法廷が開かれ、戦前要職にあったドイツ人が裁かれた。ヘリゲルはナチスが支配した時代に大学の学問を護《まも》るべく努めた弁明書を提出したが、四八年に「消極的な同調者」と裁決された（山田奨治著『禅という名の日本丸』弘文堂、二〇〇五年参照。ただし、同書の当時のドイツ情勢把握には疑問がある）。

戦後のこうした不遇の中にあって、一九四八年にヘリゲルは『弓と禅』（正式名は『弓道における禅』）を著した。その後、膀胱《ぼうこう》結石の手術を受けたが、肺癌《はいがん》にも罹《かか》り、一九五一年以降、アルプス山中のガルミッシュ＝パルテンキルヘンにペンション二間を借りて妻と住んだが、一九五五年四月に七十一歳で没した。『弓と禅』の序言に「禅そのものの本質について書くこと」を計画していると書いていたが、亡くなる直前に書き溜《た》めていた草稿を焼き捨てたといわれる（妻の日本の友人への回章）。ただ残された草稿はあったようで、それらと没後に接収解除された自宅の地下室で見つかった草稿を合わせて、遺稿『禅の道』(Der Zen Weg) グスティ協力、ヘルマン・タウゼント編（一九五八年）が刊行された。

Ⅱ．阿波研造の生涯

師の阿波研造は、明治十三年（一八八〇年）石巻《いしのまき》近郊の大川《おおかわ》村（現在は石巻市）の、代々庄屋を務め麹《こうじ》業を営む佐藤家に生まれた。十九歳で石巻の麹業を営む阿波家の婿養子になった。

二十歳の時に雪荷《せっか》派弓術を元仙台藩士木村辰五郎に学び、約二年で免許皆伝、弓書一切を得たという。この頃、自宅裏に講武館を設立し、弓・剣・柔術・薙刀《なぎなた》・居合などを指南研究した。やがて麹の需要が減ってきた上、石巻の大火で家が焼かれたので家業を止め、二十九歳から仙台に出て弓術指導を職業とすることにした。

　この年、弓道の近代化を図った東京の本多《ほんだ》利実《としざね》の門に入り、正面打ち起しの新射法を学んだ。翌一九一〇年、京都《きょうと》の大日本武《だいにっぽんぶ》徳会《とくかい》演武大会に出場し、全国的に名が知られるようになる。同年、第二高等学校弓術師範となる。三年後には大日本武徳会より三等師範を授与された。またこの年、二高の弓術部は弓道部と改称した。一九一七年に阿波は大日本武徳会演武大会で、近的二射、遠的五射、金的、全皆中《かいちゅう》で特選一等の栄誉を得た。翌年、武徳会から弓道教士の称号を得る。この頃から参禅し始める。二年後には東北帝国大学の弓道部師範となる。四十歳の頃、内面的な大転換を体験したようである。

「我れ弓道を学ぶこと二十余年、徒《いたず》らに形に走り、その神《しん》を忘れしこと近年初めて自覚せり。弓道は禅なりと気づかざりし為、十年間無駄骨を折った」

（櫻井保之助『阿波研造』二一一頁。以下、阿波と数字は同書からの引用）

同じ頃、本多門の大平善蔵《おおひらぜんぞう》も参禅し、一九二三年に「射禅見性《けんしょう》」を唱えて大日本射覚院を設立したが、阿波は二五年に独自に「大射道教」を設立した。

阿波は、競技だけならば「弓遊病」にすぎず、道を冒瀆《ぼうとく》するものであると厳しく批判した。禅は「霊的内的統一融和の無上境」を求めて「せむる所は心」だが、弓道は「心と身との統一融和した」「修養法」である（阿波二六四）として、「射によって人間を造って行く大業」に専念したのである。「阿波先生の稽古は厳烈、一言一句気合にも言うべからざる霊感、内省的興奮の湧くものあり」（阿波二六二）、学生たちは「一射絶命」「先生と我々との命のやりとり」というような猛烈な修行を行っていた。

ヘリゲルは、「大射道教」が創立された翌年から、阿波の指導を受けたことになる。阿波は一九二八年夏に腎臓《じんぞう》結石で倒れたが、弓道指導では病苦を見せないようにしていたので、『弓と禅』にもそれを窺《うかが》わせる記述は見られない。翌年には瀕死《ひんし》の大病となり、以後二年ほどは病床にあったが、回復し、新たな道場も出来、指導に力を尽した。一九三二年には大射道教は支部九十七か所、門下一万四千人を数えたという。翌年武徳会射型制定委員となった。二高・東北大の学生への熱心な指導の他、東北大学

阿波研造の射影（大射道教本部道場、1931-32年頃）

主催の全国高等専門学校弓道大会などで学生への指導を図った。一九三七年には札幌放送局で「射道について」のラジオ放送をしたが、翌年から病勢が進み、一九三九年三月、五十九年の生涯を閉じた。

阿波の没後、遺稿・語録・講演録、写真、墨跡などを集めた全集が企画され、第二高等学校弓道部員が一九四一年十二月から原稿を作成していたが、太平洋戦争のため刊行できないでいた。一九四五年七月の仙台空襲で阿波家と所蔵資料は灰燼《かいじん》に帰し、敗戦となって刊行計画は挫折《ざせつ》し、『阿波範士言行録稿本』と題する原稿（上・下、三〇〇字詰め原稿用紙八四九頁、東北大学史料館保管）のみが残されることになった。

阿波の書や写真は別に刊行すべく、高弟の安沢平次郎《あんざわへいじろう》に託されていたが、不幸にして安沢が東京に転居する際に荷物が紛失して失われた。阿波家の焼失とこの紛失事件によって、今日阿波の遺品はごくわずかしか残されていない。

一九八一年、生誕百年を記念して直弟子の櫻井保之助氏が『阿波研造　大いなる射の道の教』（阿波研造先生生誕百年祭実行委員会）を著し、その生涯を記し、遺稿を紹介した。最近、池沢幹彦氏が、その後の調査に基づいた伝記『弓聖　阿波研造』（東北大学出版会、二〇一三年）を著している。

Ⅲ．射法八節の身心関係と阿波の指導

ヘリゲルは、本書にある一九三六年の講演「武士道的な弓道」で、禅の影響を受けた日本の弓道のあり様をヨーロッパ人に初めて示した。一九四八年の『弓と禅』は、核になる弓道体験をより詳しく説明し、弓道の先に禅の世界が広がるという位置づけを明確に出している。

弓道を知らない読者がヘリゲルが述べている内容を理解するために、まず弓道のやり方を図解で説明しておくことにする。

一、「射法八節《しゃほうはっせつ》」

全日本弓道連盟では、弓道技法を「射法八節」として説明している。阿波も本多門の正面打ち起しで、ほぼ同じ形で指導していた。同連盟の『弓道教本』（以下、教本と略記、第一巻は頁数、第二巻は範士名）にある説明と、阿波の遺稿にある説明を引

足踏み

胴造り

弓構え

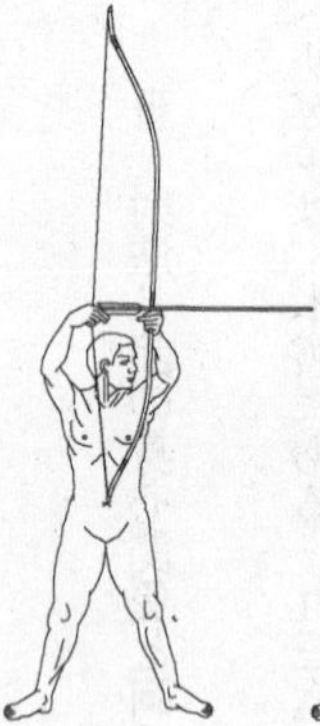
打ち起し

用しながら、記しておく。

（1）足踏み　両足をハの字に踏み開き、体を安定させる。体格によって異なるが、両足をちょうどよい距離、角度に踏まなければ腰が決まらず体が安定しない。

（2）胴造り　「左右の肩を沈め、背柱及び項《うなじ》を真直ぐに伸ばし、総体の重心を腰の中心におき、心気を丹田におさめる」（教本一〇七―一〇八）。「丹田を中心に自然体姿勢であって、それが射行の土台になる」（阿波三九二）。以上について、ヘリゲルはほとんど書いていないが、射の土台として大変重要である。以後、上体がどう動こうと、下半身は動じるこ

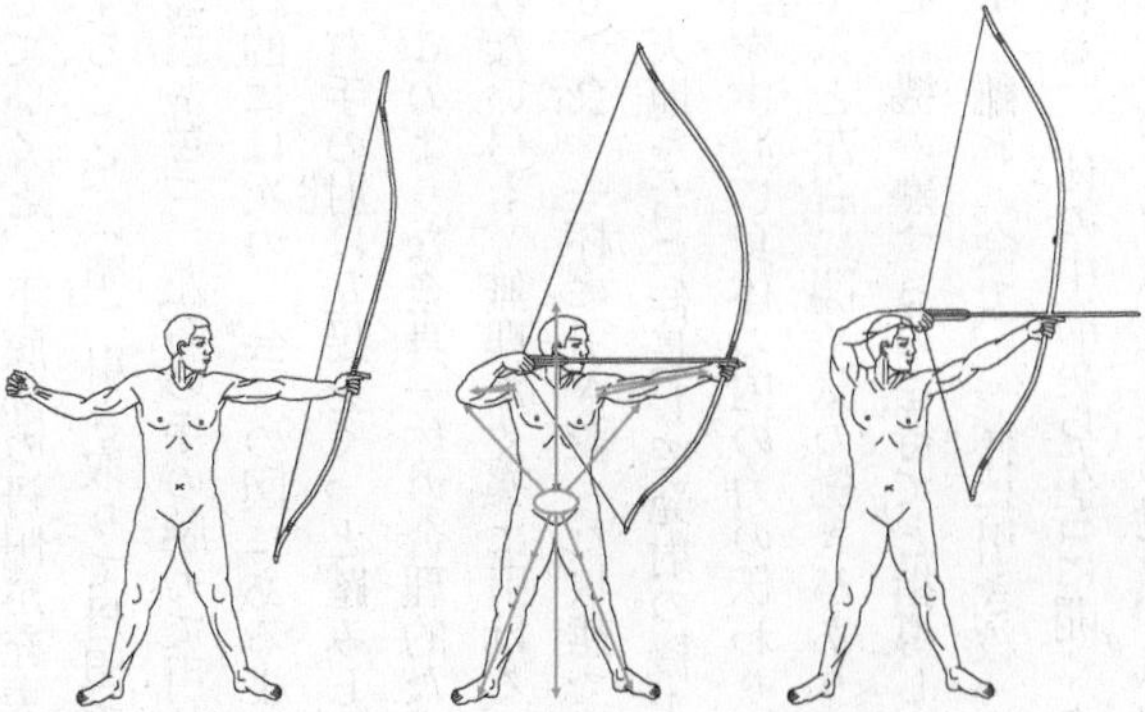

引き分け　会　離れ・残身

とがない。

（3）弓構《ゆがま》え　矢を弓の弦《つる》に番《つが》えた上で、弓の下端を膝《ひざ》に置いて上体を起こすが、的に顔を向け、再び矢の下に弽《ゆがけ》を付けた親指を差し込み、親指の根元に掘り込んで切ってある弦溝《つるみぞ》に弦をセットする。

（4）打ち起し　弓を両手で真直ぐに頭上前方に挙げていきながら、息を吸う。腕を挙げる角度と高さは身体の内の感覚で、丹田《たんでん》を中心として上体と下半身とが一つにつながるところである。

（5）引き分け　弓を両手で均等に引き分けながら、体が弓の内に入るように、最も楽に引き分けられる軌道（弦道《つるみち》）を通って弓を下ろしていくとともに息を下ろしていくと、下腹部の丹田が充実する。「必ず腹筋に呼吸し丹田に入れて神力を充実すること。(略)引き取りて丹田で弦を起して押し、左右の手を借りるべからず」(阿波一五三)。左右の手の腕力で引くのでなく、丹田を中心とした全身で引き分ける。最終的には次の「会《かい》」の図にあるように、弓を押す左手は丹田を通って右足を、弦を引く右手の肘《ひじ》は左足をぐっと踏みしめることによって、引き分ける力が呼び起こされる。このような全身一体の合理的な力の働き合いから生まれる力によって、腕力では引けない弓も、無理なく楽に引けるようになる。

(6)会《かい》　一杯に引き絞った状態で満《まん》を持する。「会」において、「満を持して、間断なく天地左右に伸長して発射の機を熟せる」(教本一一五)。(「会」の図)。下腹部の丹田を中心に身体の内の力の伝わりが図示されている。身体の内の感覚では、上下に開く気と左右に開く気の働きがあり、伸び合いがある。阿波は引き絞って会で長く持たせ、機の熟するのを待てと指導していた。

(7)離れ　会で、一杯に引き絞っていると発射の機が熟する。「機が熟して自然に離れる」「体の中筋から左右に開くように伸長し、気合の発動とともに矢が離れる」「手先の力ではなく、技の働き、気力の充実によって気合の発動により内面的な爆発力によって生じる」（教本一二〇―一二一）「日置《へき》流では『弓は自満の末に発すること』を最上として教えているが、射の理想はここにある。すなわち会においてよく保ち、総身に力が満ちわたり、自然に機が熟して離れるのを『自満』というのである」（教本第二巻浦上栄）。阿波は「丹田より発する烈々霊気を以て発す」（阿波四三四）と言う。

（8）残心（残身）「自然な離れには余韻があるが、これが『澄《すま》し』である」（教本第二巻神永政吉）。

二、ヘリゲルの弓道修行と阿波の指導法

ヘリゲルは自らの弓道体験を、初心の段階から奥義に至るまで四段階に整理して叙述している。この叙述を、弓道の技を踏まえて、師の阿波の遺稿や通訳した小町谷の手記で補って、実際の弓道の修練の過程を探ってみることにしたい。

阿波の指導法は、まず見本となる射を見せてから真似させる形で進めている。最初に、弓を引く時に、師匠が正面から両手を添えて一緒に引き分けて、正しい引き分けを教える弦執《つると》りの方法で指導している。個々人に合わせて引き分けの要領を、身を以って伝授する伝統的な指導法である。

稽古の第一段階を、ヘリゲルは腕の力を抜いて弓を引き分けることから書いているが、阿波は実際にはその前に射法八節の第一の足踏みで足の踏み開く幅や角度を厳密に指導し、第二の胴造りで腰をしっかり据えることを指導していたはずである。小町谷も、阿波がヘリゲルの丹田をたたいて指導していたと書いている。そうした姿勢が出来てから、腕の力を抜くように注意し、力が入っている部分に手を当て、ドイツ語で"gelockert!"(「力を抜け!」)と言っていた。最初ヘリゲルが自分でコツを探っていたので、そのままにさせておいて、それでは不可能なことを本人が分かってから、阿波は腹式呼吸法を教え、呼吸に合わせて引き分けるように稽古させている。

阿波は息を下腹へと押し下げて丹田を充実することを強調していた。ヘリゲルは最初には理解不能だったが、約一年かかって実際に呼吸をそのようにできるようになると、腕の力を抜いたままで引けることに驚いている。ヘリゲルはどうしてそうなるか書いていないが、射法八節の第四「引き分け」で詳しく示したように全身一体で引くからである。ヘリゲルは意識して腕の力で引くのでなく、身体の中の力の伝わりに敏感になって全身で引くことを「物事をいわばその自然な重力に任せる忍耐」を教えられたと書いている。

稽古の第二段階は「離れ」に焦点を当てる。自らが意識して放すのではなく、自然に離れるのを無心に待つことを教える。これは先に見たように『弓道教本』でも教えることであるが、実際に行うのは大変難しい課題である。けれども阿波は初めからこの課題に正面から取り組ませる。

ヘリゲルは、いくらやっても無心の離れが出来ないので、右手の指を慎重に伸ばしてあたかも自然の離れのように小細工するが、阿波にたちまち見破られ破門されかけた。『弓と禅』訳注（30）に示したように、武田《たけだ》行雄《ゆきお》も手先を細工した「弽ほどき」で的中させたが、「そんな弓ならやらん方がよろしい」として、弓を取り上げられている。実は現在も大抵の射手は、的中を狙うだけならこれで十分なので、このようにしているのであるが、阿波はこれでは真の自然な離れとならず、無心の離れは分からないと断固否定していたのである。

「大道峻厳に耐ゆる者初めて自由の活路を得るなり。自由の活法・法外の妙味を会得せしむるには、ただその師の教導峻厳に耐ゆる人のみ」（阿波三六九）。

離れは自分の意識で造るのでなく、弓身一体の中で生じることを明確にするために、

「それ」が射るという表現をしている。自己を忘れて無心に待てと教えられたヘリゲルが、もし「私」が射るのでなければ、射はいかに離れるのかと質問したので、阿波は「それ」が射ると答えたのである。射手が満を持する「持満」でなく、弓と自己が一体となった状態で「自満」の末に生じることを表現して「〝それ〟が満を持している」というのである。必ず主語を置くドイツ語の表現なので「それが射る」「それが満を持する」と言ったものである。日本語で「無心に」とか「おのずから」と言うだけでは、あまり明確にはならないが、「それが」を主語にすることにより、自己の行いだが、自己以上のものに合わせて生じる事態であることが明白に示されるのである。ヘリゲルは、無心の行いを「それ」が○○すると表現するようになる。

無心の離れに至るには、まず射を行う前から呼吸に集中して周りに気を散らさず精神集中すること、そして礼法に従って呼吸に合わせて歩んで集中を持続するように阿波は教えている。けれども射に入って弓圧がかかってくるとヘリゲルは離れを意識せざるを得ず、稽古が四年目に入ってもうまく出来なかった。『弓と禅』の叙述では、ヘリゲルは出来ないと絶望して意識しなくなった時に、無心の離れが出来たと書いているが、実は出来ない間も常に師は正しい射の見本を示し、弦《つる》を執って示し、精神集中を高めるよう指導を積み重ねていたのであり、そうしてヘリゲルの身体が覚えていった果てに無心の離れが生じたのである。本人が気づかぬ内に出来たことを、師匠は鋭く見て取って、お辞儀をしてそれだと指し示す。師にこれだと正射を指し示されて、次第に正射と失射の違いが明確になっていく。正射、すなわち自然な離れが実際に出来るようになると、内面的には「その日が今始まるかのような」「愉快」さを感じるとヘリゲルは書いているが、阿波は「実に嬉しくすがすがしい、真の愉悦を味わうことが出来る」（阿波四三四）と言っているのである。

稽古の第三段階で的前射《まとまえしゃ》となる。無心の離れが出来るまでは、何年経っても的前に立たせない。最初から的前に立つと的に中《あ》てることに集中して「弓遊病」になってしまう。無心の離れを経験し、会における身体の内なる気の伸び合いが分かってからでも、的に意識が向いた瞬間に、見失われてしまう。それ故、的を狙うなと厳しく指導する。阿波の厳格な指導である。的前でも、的にとらわれないように一層の精神集中を求める。射る時の礼法をその都度霊感に導かれるように行えと教える。講演でははっきり示しているように、瞑想《めいそう》するように半眼にしていると、的が次第にぼんやりとなり、やがて的が私の方に来るように思い、私と一つになるという。

ヘリゲルは師の教えのようにしようと努力したが、どうしても出来ない。その内にやはり外にある的を狙わなければ中るはずがない、ただ師は長年の慣れで狙っていないと思っているだけではないかという疑念を抱くようになる。その疑念を断つために、阿波は暗闇の道場で射ることにする。暗闇の中で射た二本の矢は的に命中し、しかも乙矢《おとや》は甲矢《はや》の軸を割いて突き刺さったという有名な場面となる。

けれどもこの場面は通訳なしにヘリゲルが一人だけで体験したことであり、この驚くべき事件を日本に滞在していた間には小町谷にも一言も話していなかったことから、本当にあったことか疑いを持たれるかも知れない。

しかし阿波自身が、講演が有名になってから質問を受けた時に、『弓と禅』訳注(35)に載せたように、二本の矢が刺さった的の前で座り込んでいたヘリゲルの様子を詳しく語っているので、実際に確かにあったことであろう。ヘリゲルがこの時は一人で道場に行ったのは、真剣で突き詰めた問いに対する師の特別の配慮を感じて、参禅で独参するような思いからであろう。師も黙って迎え、真剣勝負の趣きで精神集中していた。ヘリゲルが講演以前にこの事件を語らなかったのは、これが師を疑った自らの質問に発するもので、事件の後、これを恥じる思いがあったことと、独参の場で生じることは誰にも語るなとされる如く、ヘリゲルはこの時生じた事柄を厳粛なものと受け止め、不用意には語れなかったからであろう。

この場面で的中した二本の矢を見ながら、師が諄々《じゅんじゅん》と説く言葉について、日本語を解しないヘリゲルがこんなに分かったはずはないと疑われている。けれどもヘリゲルは現実に生じた事態を目の当たりにしたのであるから、師が語らずともその意図は十分に分かったはずである。それを読者に示すために、阿波の言葉としてヘリゲルが書いたものであろう。

この場面で大事なことは、暗闇で的が狙えない中で、師はどのように射たのかである。師は射る前から真剣勝負の趣きで精神集中を高めていたが、射に入っても自らの身体の内なる力の伝わりを感じとりながら、弓身一体となって自らの身体の内の「ここ」という「不動の中心」に合わせて射たと思われる。その結果が、二本とも命中した。「正射必中」とは言っても、二本が突き刺さるとまでは阿波自身も思っていなかったのであろう。そのため講演を読んだ小町谷に聞かれた時に、「いやまったく不思議なこともあるものです。偶然にも、ああいうことが起こったのです」と語っている。

ともかくこの事件を境にヘリゲルの底にあった疑念が断ち切られ、阿波の指導に心服して「以心伝心」を実在のことだと受け入れられるようになった。射損なうと弓を二、三度引いて引きやすくするなど、指導はきわめて綿密である。そしてついに無心の射が出たのである。しかしよい射にも喜ばないように、失射にもがっかりしないように、自らの感情にも超然たるように師は導いた。

この後、講演では「それ」が射るとはどういうことかを知ったと書いていたが、『弓と禅』では「それ」とは何かが分かりましたかという師の問いに対して、「身体の眼には精神的であり、精神の眼には身体的であり、……弓と矢と的と私とは相互に絡まり合っていて、分けることが出来ない」事態を指すと答えて、師がそれを聞いて、「弓の弦があなたの中心を貫いた」と肯定したという叙述がある。これもヘリゲルが説明のために『弓と禅』で書き加えたのかも知れない。ただこの頃のヘリゲルの射を見た武田行雄は、訳注のように半眼であったことを印象深く書いている。ヘリゲルは半眼になって師が教えるように的と一つになろうとしていたのである。

審査を受けたヘリゲルは合格し五段を授与されたが、それに値する射であったことは、小町谷も安沢平次郎も証《あか》している。阿波はヘリゲルを「半箇の射聖を得たり」と評したという。

第四段階は、審査の後、師匠が奥義を説き、弟子を一人で歩ませる段階である。ヘリゲル夫妻がドイツに帰国するので、師匠から離れて一人で歩んでいけるように阿波はとりわけ配慮したのであろう。

弓の稽古は少しで十分だとして、比喩を使って奥義が説明された。朦朧《もうろう》とした比喩ではあったが、経験した後ではわずかな暗示で十分に理解できた。これがヘリゲルが今後進む際の指針になるはずである。

師は日常生活でも呼吸に合わせた礼法を実践するように前から言っていた。そして「術なき術」を言い、弓を極めた果てに禅の世界が広がることを語る。ヘリゲルが元来禅に興味を持って弓を始めたこと、禅について英文の文献を読んでいること、今後も研究していくことも考えたであろう。弓道書はまずないが、禅の文献は多い。それだけにこの先に禅があると語ったと思われる。けれども阿波の禅理解から言って、『弓と禅』に書かれているように「この転回点とともに……禅へと移っていく」とまで言ったはずはないと思われる。これはヘリゲルの思想であり、鈴木《すずき》大拙《だいせつ》に影響された思想であったと考えられる。微妙に見えるが、重大な違いであるので、次に改めて論じることにする。

『弓と禅』では、阿波はヘリゲル夫妻にドイツに戻ると以前ほど人々としっくりと合わないことは承知しておくべきだと教えている。弓道を学ぶことによって身も心も大きく変わっており、物事を以前とは違った風に見、違った風に考えていることに気づくでしょうと注意をしている。大射道教を創立して、射によって人間を造る大業を意識していた阿波だけに、そしてヘリゲルの指導を通じてヨーロッパ人の自我意識の強さを痛感していただけに、これだけ明確に語れたのであろう。

別れても弓を稽古する時には共にあるという言葉は、同じ道を歩む者の意識を表わしている。写真を送ってくれれば、どうであるかが分かるというのも、写真から会図にあったような力の伝わりが見て取れるからであり、射形には誤魔化しようもなく全てが表われるからである。

最後に阿波は愛用の弓をヘリゲルに贈った。記念としてではなく、これを射る時はいつも自分が共にあり、同じ道を歩む精神が伝わることを信じるが故であろう。

Ⅳ.「弓禅一味」――弓道修練が目指すもの

阿波の指導を具体的に見ると、弓道の技法上のことを踏まえ、合理的な指導が着実に行われていたことが分かる。ただヘリゲルは弓道の奥義は歴史を貫いて一つだと書いているが、「弓禅一味」という思想は日本の弓道の歴史においては、この時代に阿波の周辺だけで見られることであった。

阿波にしても、最初から禅との関係を言っていたのではなく、大日本武徳会で特選一等となり、翌年弓道教士になった頃から、精神面を深めるために参禅して、一九二〇年四十歳頃から、「不発の射」「宇宙と射の一体」を説き、「弓道は禅なり」と気づいたと言っていた。そして阿波は一九二五年に大射道教を設立したのである。

阿波は翌年の講演では、「見性は禅に於いては大事である。一切の迷見煩悩を截断して、本然の自己を完全に発見する努力、これを弓をとおして為さんとするのが、この弓の教法である」（阿波二六三）、「自己をとおして自然を見、自己を見ることは、希臘《ギリシア》に源を発する（西洋の）思想の流れである。（略）東洋における、自然をとおして自己を見、自然をみる認識の仕方は、最後の階梯として、自然と自己との一致融合、所謂《いわゆる》天地一枚自得自立という境に到らねばならぬ。これが禅の悟道であろう。しかしてこれに至るまでを、心のみをせめてゆくのが禅の思索であって、心と身とをせめてゆくのが射の修養である」（阿波二六五）と述べている。

だからこそ、阿波は「射によって人間を造っていく大業」として大射道教を建てたのである。実はこの時代、もう一人「弓禅一味」を説き、阿波とも親交があった梅路《うめじ》見鸞《けんらん》が、より徹底した立場で、弓道の意味を説いている。

梅路は、円覚寺《えんがくじ》で修行して二十五歳で見性《けんしょう》し、他方古流の橘《たちばな》流弓術の宗家も継いだが、一九二六年から大阪で武禅道場を開き、弓道指導を開始していた。阿波は梅路とそれ以前から知り合いであり、阿波の弟子の吉田能安《よしだよしかず》によれば、「大射道教」の名称についても梅路の意見を聞いた上で決めたという。梅路は、禅の本格的な修行で見性した人物であっただけに、より直截《ちょくさい》に禅よりも弓道であることを論じている。

禅は「最も妥当な率直な方法」だが、道がはっきり分かった師家《しけ》の指導がなくては達成しがたい。対して弓道は、肉体的にも精神的にも必死を尽し、心の微《かす》かな動揺も射に現われるので、「自己心底に妥協なき自問自答ができ得、その長短是非等も自知

射位から的を見た景（東北大学弓道場）　提供：池沢幹彦氏

し匡正《きょうせい》することができるので」、修行を重ねる内に、自己の生まれながらの真心をつきとめていくことが出来る（「わかり易き弓道の真味」）と言うのである。

阿波が「心と身をせめていく」というのは、射に現在の射人の身と心のあり様が偽りなく表われるので「自問自答」できるという意味も込められていたはずである。

改めて阿波が「弓禅一味」を言った背景を考えれば、技的には自然な離れが「無心の射」として明確になること、「一射絶命」として道の追求に際してどこまでも厳しく追求していく姿勢を示すことができること、弓道の目標が的中ではなく、精神的な意味にあり、究極では射を脱して生活の中に生きることが示せることなどが考えられ、まさに弓道の精神性を強調するために「弓禅一味」と言ったと思われる。

けれども弓道の歴史では神道や儒教に関係づけても禅との関係を言うことはなかったので、旧来の流派を継ぐ者からは批判がある。また戦後、占領軍により武道禁止令が出て、弓道は体育化・スポーツ化しなければ復活出来なかった経緯があったので、弓道の精神性をはっきりと言うことが強く抑制されていた影響も強く残っている。そのこともあって、今日、「一射絶命」「射裡見性《しゃりけんしょう》」など理解を絶したことを言うと、弓道人の反発は強い。たしかに『弓と禅』の叙述だけでは、技術があまり分からず、しかも弓道を「禅の予備門」と言っているので、一層弓道人の反発を招いている。

けれども弓道の精神性を問題にする流れでは、阿波系統の影響は大きい。阿波の没後、大射道教は神永政吉《かみながまさきち》が継いだが、戦後、神永は全日本弓道連盟に加わって大射道教は無くなることになる。けれども阿波門下の神永と安沢平次郎、中野慶吉《なかのけいきち》がいずれも範士十段となり、『弓道教本』第二巻、第三巻、第四巻に、それぞれの教法を展開している。ヘリゲルの『弓と禅』は弓道のみならず、日本文化論として大きな影響を与えている。

また梅路を継いだ鷺野暁の門下の中西政次《なかにしせいじ》の『弓と禅』は、日記形式で禅も修しながら弓道によって開悟した経験を綴っている（増補版には梅路の『武禅』一九三四―三六年の弓道論が付されている）。また梅路に学んだカールフリート・デュルクハイムの『肚　人間の重心』はドイツ語・英語で、胸を張る西欧人に対して、日本人が腹を中心とするという比較文化論を展開している。

これらを見れば、阿波や梅路らが展開した弓禅一味の思想は弓道の精神性を追求する流れだけでなく、日本的な精神性を追求する流れに今も大きな影響を与えていると言える。

阿波も梅路も、その遺稿や論説を見ると確固とした技術的基礎に基づいた弓道指導法を行っていたのである、「自然の離れ」や「自満」などを実際に行うように指導していたのである。競技ということ以上に、弓道を修練する目的はいかにあるべきか、改めて考えてみる必要があるのではないか。

阿波の遺稿は、断片的なものが多く、なかなか理解しがたいように思われる。『弓と禅』は指導された者が奥義へと高まる過程が叙述されているので、それを助けとして見れば、阿波が示そうとした真意が理解しやすくなると思われる。

V.『弓と禅』の成立——講演からの展開

『弓と禅』は基本的には阿波の指導の過程を描いているが、ヘリゲルによって整理された個性的な叙述になっている。一九三六年の講演「武士道的な弓道」は、禅に影響された精神的な弓道を紹介する主題であったが、一九四八年の『弓と禅』の正式の名前は『弓道における禅』であり、弓道が深まるにつれ禅が基盤になっていることが顕《あら》わになることを示している。同じく弓道体験による自己の変容過程を描いているが、『弓と禅』は禅が隠れた主題になっているのである。『弓と禅』の性格を考えるために、一九三六年の講演との比較を考えておく必要がある。

ヘリゲルは、一九二九年にドイツへ帰国してからも、既述のように一九三六年までは小町谷にしばしば手紙を寄越し、その度ごとに、阿波への伝言もあったという。「弓をたえず練習しているからこの頃は日本にいた時より上達した自信がある」（小町谷九六）と言っていたが、「数年経ったころには、長いこと阿波先生に見ていただくことが出来ないので我流に陥ってはしまいかとの懸念が出て来た」とも書いていたという。講演は、帰国後六年余りで、こうした弓道練磨の中で行われた。講演の内容は、阿波にも「一つも非難すべきことはない」と認められ、小町谷からも「弓道精神を、これだけ理路整然と表現し得た」と賞されて、自信を持ったようである。

けれども以後は、状況が変わる。一九三九年三月に阿波の死を知らされ、がっかりした。半年後からは第二次世界大戦がおきて、弓を稽古するような雰囲気ではなくなったと思われる。四五年四月にはエアランゲンは米軍に占領され、八月には自宅を突如接収されたので弓の稽古は不可能になったと思われる。四八年に『弓と禅』の序言で、講演からの十年は「修練が進展した十年間を意味する」と書いているが、弓の稽古はほとんど困難な状況であったと思われる。

ヘリゲルが『弓と禅』を著した時には、もはや六十四歳であった。講演を大幅に増補する形で書いていたが、日本で阿波について稽古した時代からすでに二十年近く経っており、日本での稽古の時の覚書はあったであろうが、序言に「この叙述において、師が語られなかった言葉は一言も見出せず」と書いてはいるが、そのように努めたとしても、一言も違えずに書くことは現実には困難なことであろう。講演と同じ弓道体験を書いても、その位置づけや意味づけには、ヘリゲル自身の思想が、より強く出るものとなった。

講演の時から大きく進んだのは禅の研究であろう。鈴木大拙の英文『禅と日本文化』が一九三八年に出版された。講演の時から、大拙の『禅論集』や『禅仏教入門』を読んで、日本の道が禅に精神基盤を置くとは書いていたが、二年後の『禅と日本文化』は、まさにそれを主題的に論じていた。

ヘリゲルにとって、『禅と日本文化』で沢庵《たくあん》の『不動智神妙録』がほとんど全文英訳されたことが大きかった。高名な禅僧が「剣禅一致」を説く文献によって、自らが受けた「弓禅一味」の稽古が、伝統ある文献によって位置づけられた思いがしたに相違ない。『弓と禅』のXに、『不動智神妙録』を引用しながら論じている。それ以外にも、実は自らの「無心」の理解を言うVの「精神現在」の叙述も実は沢庵のこの書の中で「不動智」のあり様を示す、力は全身に自由に行き渡り、必要な時に必要なだけ湧いて来るという表現をヒントに論じていると思われる。

また講演から十二年の間に、日本文化論の研究は大いに進んでいた。妻グスティが学んだ生け花と墨絵は、弓道の稽古法と比較して日本の道の稽古法を考える有力な材料になった。仙台の自宅で妻が生け花と墨絵を教えてもらっていた武田朴陽《たけだぼくよう》の振る舞いが達人の境地を示すものとして阿波のそれとも比較されたことであろう。弓道とはまったく異なる芸道でありながら、多くの点で共通することを見出していったに違いない。グスティは、帰国直前に生け花では「師範」となる資格を与えられており、その理解は深いもので、ヘリゲル没後に『生け花の道における禅』(一九五八年)を著すことになる。グスティ自身も弓道を一緒に習っていたし、ヘリゲルの没後に遺稿『禅の道』も実質的に編集したと思われるので、ヘリゲルの思想の一番の理解者であったと思われる。彼ら夫妻は語らいながら、日本の道のあり様について、互いに認識を深めていったに違いない。

『弓と禅』のVIで、生け花では届けられた花の束を解く作業が丁寧に行われ、墨絵では墨を摺る作業から、深い集中が行われていることが、弓道の稽古を始める前からの集中と同じであり、一連の礼法であると論じている。無形の型（形）の意味をうまく解き明かしており、これは茶の湯などにも適応される論と思われる。日本の伝統的な道の教授法についても、また師弟関係についても、さらに達人境についても論じており、これらも実際に学んだ立場でなければ分からない論が展開されることになる。ただこれらの芸道も、禅の影響を受けたものであり、「無心」を究極の境とすると理解されている。

ヘリゲルが「無心」を示す際に用いるのが、「〃それ〃が〇〇する」という表現である。講演の時には、「〃それ〃が射る」という表現が二か所で使われており、これは阿波との間で了解されていたことであった。『弓と禅』、さらには『禅の道』では、「〃それ〃が〇〇する」は射の場面だけでなく、「無心」で行う時の形容としてはるかに多くの場面で使われることになる。

ヘリゲルは講演の内容を増補した書籍を書く時に、その主題は弓道体験であったが、それが禅に近づくためであることを強調し、題名も「弓道における禅」と定めることにしたのである。ヘリゲルの禅についての研究は講演時より進んでいて、禅が「人間的実存のこれまで予想もしなかったあり様」であることを、ますます確信するようになった。もはや新カント派の理想主義はとっくに失われており、第二次世界大戦の敗戦の中で、新たな実存を問題にしなければならない時代の哲学の課題を考えても、西洋人にはまだ理解されていない禅がもつ実存の可能性を問題にすべきだと思ったのであろう。

しかし禅を主題的に扱うことで、弓道は「禅の予備門」という位置づけとなり、『弓と禅』の最後でも禅の世界が本格的に現われてくるという構成になった。師が語る「弓と矢なくして的に的中させることになり、術なき術となる」という言葉は、弓道の精神を日常に活《い》かそうとする意味で、阿波が語った言葉であったであろう。けれどもこれに続けて、「この転回点とともに、……禅に移っていく」というのは、既述のごとくヘリゲルの思想による言葉であると考えられる。ヘリゲルは禅に関心を集中していったので、この書の後に「禅そのものの本質について書くこと」（序言）を計画することになるのである。

「弓道における禅」という位置づけによって『弓と禅』は、鈴木大拙の『禅と日本文化』を具体的な実例で示す貴重な例として、欧米社会で受け入れられていくことになる。

そしてヘリゲルの『弓と禅』の影響の大きさは、欧米社会で一九七〇年代から『〇〇における禅』、『××と禅』のような「キッチュ」（俗悪なまがいもの）としか言いようもない大量の書籍が続々と生まれることにも現われている。ヘリゲルは禅を深く学んでいたし、「弓禅一味」の弓道を修練して「無心」をも体験していたのであり、紛れもない「本物」であり、これらと決して同列に扱ってはならないものである。『弓と禅』を読んだ大拙自身が一九五三年に英語版に序文を書き、同年のドイツ旅行の折にはわざわざヘリゲルを訪ねて行ったことも、それに感銘を受けたからこそである。

ところでヘリゲルが禅として論じていたのは、公案を使った臨済《りんざい》禅である。ヘリゲルが最初に禅に触れた大峡秀英も円覚寺の居士《こじ》であった。大拙も円覚寺の居士であって、ともに印可を得たとはいえ、禅堂で雲水を指導した経験がある師家ではない。師家の立場から見ればどうであるのか。あるいは公案を使わない只管《しかん》打坐《たざ》の曹洞《そうとう》禅の立場からはどうか。大拙は日本文化を禅に関連づけて論じ欧米に禅を広めたが、禅の歴史全体から見て、その禅理解はどうであるのか、改めて問い直されている現在、ヘリゲルの禅理解も当然問い直されなければならないであろう。

Ⅵ．ヘリゲルにおける禅と道——『禅の道』、そして『弓と禅』へ

『弓と禅』は、最後に禅を望見するところで終わっている。序言にあった「禅そのものの本質」を書くことは、一九五〇年以来の闘病生活のせいと、加えて最後にヘリゲル自身が、妻の制止にもかかわらず草稿を焼き捨ててしまったので、ついに果たされなかった。けれども草稿は全て失われたのでなく、一部残っていたようで、遺稿『禅の道』に見ることができる。これによって『弓と禅』以降、ヘリゲルが何を考えていたか、本書に関係するところについてのみ、簡単に紹介することにする。

遺稿『禅の道』においても、『弓と禅』の描き方と同じく、禅の修行を深めるにつれて禅者が生き方をいかに変容するかを叙述するが、さらに西洋思想と比較して、そ

の意義を論じている。

ヘリゲルは、阿波も関係していた松島《まつしま》の瑞巌《ずいがん》寺で実際に参禅した体験はあったようだが、基本的には、自らの弓道修行の経験を基に、大峡の『禅 日本における生ける仏教』や鈴木大拙の禅関係書等を理解しながら書いたと思われる。禅の修行の仕方が丁寧に紹介され、生活全部をかけた修行を積み重ねる中で、悟りが開かれること、悟った上で日常生活に戻って欲望渦巻く中で真理に生きることまでを描き、「無心」に生きるとは、どのようなことかを示す。ヘリゲルが禅の修行のいわば全体像を描き得たのも、『弓と禅』で弓道の修練の全体像を明確に示せていたからと言える。ここでは禅の修行の内容に立ち入る余裕はないので、その果てにどのような生き方が開かれるのかを見ておく。

一、禅の修行――「放下《ほうげ》」という生き方

禅の修行は、姿勢を正して坐禅し、呼吸に集中して深い沈潜状態に入る。『弓と禅』の呼吸法を修する中で「精神現在」に入ると書いたところと共通した表現も見られる。そして(臨済禅では)公案を通じて、通常の思慮分別が否定され、絶望に追い込まれることを書く。師家によってその都度心の奥底まで厳しく点検され、導かれながら修行する。修行を続けていく中で次第に熟して「革命的な内的転換」が生じて「悟り」が開かれる（Z 44。以下、Zと数字は "Der Zen Weg", Otto Wilhelm Barth 8 Auf.1986 からの引用）。これは修行の積み重ねの中で生じる経験事実である。しかも悟っても「さらに行じ、常に途上にある」。悟りと一つになって、欲望や欺瞞《ぎまん》に満ちた日常世界の只中《ただなか》に生きなければならない。その時、「徹底的な意味で〝無心〟となり」「自我は〝それ〟によって置き換えられねばならない」（Z 63）。「彼は生きているとともに、生かされている」。「あらゆる道、あらゆる振る舞いにおいて、担われていると感じるごとき放下（Gelassenheit）である」（Z 90）。

禅を行じる者は、自らに与えられた場で出会うものに、無心に、自らの一切をかけて関わり、その関わり合いの中に〝それ〟を感じ、自ら〝それ〟をより大きく実現する働きになり切る。無心に担われていると感じられる中で、自らの事実性を真に徹底して担い得る。「一切は今や遊戯（ein Spiel）のごとく単純で、明らかで、今や完全に自由である」（Z 69）。

まさに徹底的に無心になり切って、日常世界を生きるあり様がいかなるものかをよく示している。「人間的実存のこれまで予想もしなかったあり様」と『弓と禅』で言っていたのは、このようなあり様である。

『弓と禅』では「放下」を名詞としては言っていないが、形容詞として"gelassen"(落ち着きある、放下した)という風には使われていた。実は「放下」は、エックハルトの用語であり、「離脱」を果たした者の行為のあり様である。この「放下」を現代で強調したのが、ハイデガーである。『存在と時間』の本来的実存をいう「先駆的覚悟性」を、後期思想で深めた時に「放下」を言っている。ハイデガーでは「放下」は、「端的にあらゆる種類の意志の外部に留まっている無意欲」で「(存在の真理の)開かれが我々の内に目覚めるなら、新たな根底と地盤に通じる一つの道へ出ることができる」("Gelassenheit" Neske 1959 5Auf. 1979. s26)というものであり、技術によって支配されて地盤喪失の危機に陥っている現代に新たな根底と地盤へと通じるものを準備するという決定的なものとして用いられている。ヘリゲルはハイデガーがこのような思想を展開する以前に没したのでそれについては知らなかった。けれどもかなり近い内容を、しかも思索の立場から新たな原初を準備的に語るハイデガーに対して、ヘリゲルは、弓道修行で無心に突破した経験をした者の立場から言っており、"それ"

によって担われていることとして言っていたのである。

二、道の修行の積み重ねによりもたらされる「経験事実」

『禅の道』には明らかにハイデガーを意識して述べている箇所がある。「存在者の〝存在〟へと問う。答えを得るために、どのような方途を採るのかは、ここではこれ以上究明できないが、そもそも答えが問う者に与えられるべきだとすれば、その答えははっきりした経験に結びついていなければならない。解釈にどんなに努力しても、どんなに根拠づけられ、学問的になされ、絶え間なくやり抜かれたとしても、真理の認識、すなわち究極的な知へと導きはしない」（Z 95）。

「真理を捉えるとは、自らの思惟の彼方で、真理から捉えられてあること。この端的な拘束力ある経験事実を、禅者は「悟り」と呼ぶのであり、それを突如襲われる根底的な出来事と解しているのである」（同）

ハイデガー自身、存在への問いの思索は「道」（Weg）をなし、自らの問いが新たな原初の始まりを準備する思索であることを言っていたが、ヘリゲルはそのような思索を絶え間なくやり抜いたとしても究極的な知には導かれないと断言する。なぜなら、そもそも真理から捉えられてある経験事実がなくてはならないからである。

そうした「根底的な出来事」は、「日常生活の一切を否定し、問いの内に置き、全生活様式を逆転させる」「根底的な転換の道」で修行する時にのみ、生じ得るという。修行は厳しく容赦ないものである。中途半端な行では何も得られない。「何百年も蓄積された諸々の経験の宝を自由に使い得る」師の導きの下で、徹底して行じて初めて真に経験し得るものである（Z108）。

ヘリゲルは自らの体験もあって、師に参じた修行のみを語っているが、阿波研造のように、専門の道を徹底して独力で達する場合もある。もっともこの場合でも梅路ら同行の者との交流の中で深まり、禅にも参じ、諸芸の道に学んだ故に達しえたことを考えれば、「経験の宝物」の恩恵があったからであるとも言える。

三、日本の「道」の意義――そして『弓と禅』へ

西洋においては、神秘的な巨匠（Meister）が現われても、「流れ星の如く、短く輝いては消えてしまう。彼が遺したものは、しばらくの間は読まれ、讃美される」が、「長い間には、各々が自分に相応しいもののみを取り出す」ようになり、「結局は、そ

の言葉の解釈に陥って、仲間は四分五裂する」（Z１１１）

ヘリゲルはエックハルト研究を見て言ったのであろうが、今日のハイデガー解釈においても、西洋のこうした分裂の傾向は顕著に見られる。言葉の解釈に陥る危険性である。ヘリゲルが最後に書きためていた草稿を焼き捨てたというのも、言葉に呪縛《じゅばく》されては体験の力を喪《うしな》うことへのおそれ、「究極的なものの全汎性に対する畏敬の念からであった」とグスティは述べている。

言葉より重要であるのは、真の体験をもたらす「道」があることである。もし本当に深くまで徹底せんとする意志があれば、その「道」を修行し、幾つもの小悟・大悟を経て真理に触れ得る可能性がある。

日本においては、真の経験へと導く「道」がある。「道があること、無数の経験から生まれ、無数の経験によって護られてきた、この道の修行法は、極東のなした偉大で深い発見である」（Z１１４）。

日本の修行の伝統を改めて見直す必要がある。「道」の修行によってもたらされるものを見通しながら、自ら行じることが大事である。「道」の伝統は、日本で展開したが、外国人であっても自ら行じる者には開かれるものであることはヘリゲルが実例で示している。『弓と禅』を手掛かりとしてその叙述の背後にあるものを考え、身体的変容や精神的変容のあり様を具体的に明らかにする時、日本の「道」の、世界に通用する普遍的な実存のあり様が浮かび上がってくるであろう。

読書案内

＊オイゲン・ヘリゲル述、柴田治三郎訳『日本の弓術』岩波文庫、一九八二年改版（「小町谷操三「ヘリゲル君と弓」一九四〇年所収）
＊オイゲン・ヘリゲル著、稲富栄次郎・上田武訳『弓と禅』福村出版、一九八一年改版（「ヘリゲル夫人の回章」一九五五年／小町谷操三「ヘリゲル君の墓に詣でて」一九五六年／稲富栄次郎「ヘリゲル先生の想い出」一九五六年所収）
＊オイゲン・ヘリゲル著、榎木真吉訳『禅の道』講談社学術文庫、一九九一年
＊櫻井保之助著『阿波研造　大いなる射の道の教』阿波研造先生生誕百年祭実行委員会、一九八一年
＊池沢幹彦著『弓聖　阿波研造』東北大学出版会、二〇一三年

＊鈴木大拙著、増原良彦訳『禅仏教入門』春秋社、二〇〇八年新装版
＊鈴木大拙著『禅と日本文化』（『鈴木大拙全集』十一巻、岩波書店、一九七〇年）
＊グスティ・ヘリゲル著、稲富栄次郎・上田武訳『華道と日本精神』福村出版、一九七二年
＊中西政次著『弓と禅』春秋社、二〇〇八年新装版（梅路見鸞『武禅』誌の抜粋掲載）
＊カールフリート・デュルクハイム、下程勇吉監修・落合亮一・奥野保明・石村喬訳『肚　人間の重心』麗沢大学出版会、二〇〇三年

おわりに

武道や芸道などのさまざまな道で、技芸を深めると無心にならなければならない、とよく言われる。けれども「無心」がいかなることなのか、なかなか分からない。ヘリゲルの『弓と禅』は、師の阿波研造《あわけんぞう》の導きによって、無心にいかに開かれたのか、段階を追ってきわめて明瞭《めいりょう》に表わしている。ヘリゲルは、最初は全く理解できなかった多くの事柄が分かるようになり、大きな障害をいくつも乗り越えて初めて無心が経験できた。本書は、自己意識が強い西欧人に「無心」ということが現実にあることを示すために、自らがそこに至るまでの過程を振り返って整理して書いている。それは、実際に体験したことなので説得力がある。

そしてヘリゲルは、弓道の稽古《けいこ》を通じて開かれた世界が、さらに大きな世界に通じていることを示す。実際に本書で論じられている生け花や墨絵などの芸道だけではない。禅の世界へと通じることを示そうとする。

ヘリゲルが禅と言うのは、現実に禅寺で行われている修行を指すだけではない。その修行を通じて無心を経験することが出来れば、日常の生活に戻っても、その場で無心になりながら、自らの運命を生きていく生き方である。無心に生きるのであって、自らが生きるとともに生かされているあり様である。

禅仏教は、インドに始まり、中国で展開し、日本では今日まで受け継がれている。その精神は、芸道や武道にも影響を与えてきたが、それは日本の道を求める精神的風土があったからこそだとヘリゲルは考えている。

さらに西欧においても、中世にドイツ神秘主義のエックハルトが「離脱」を言った時に求めていた精神である。けれども西欧では近代には、そうした経験にいたる修行の伝統が失われてしまった。西欧人は、今や言葉によって表現できる以外のことを無視して思惟したつもりになっている。けれどももっと別のあり様がある、とヘリゲルは考える。「それ自体としては、言葉は思惟よりもわずかであり、思惟は経験よりもわずかである」（Z9）と、遺稿『禅の道』の冒頭に掲げられている。

『弓と禅』は、このような大きな視野を持ちながら、「人間的実存のこれまで予想もされていなかったあり様」があることを、その一端に入り得た自らの経験を核にして語っているのである。

最近は『弓と禅』を脱神話化しようと、いろいろと論じられているが、何よりもヘリゲルが何をどのように表現しているのか、その元となった講演も合わせて原本に戻って確かめる必要がある。現実にヘリゲルが経験したその場を具体的に考えてみることが重要である。師の阿波は実際にどのように指導していたのか、師の側からの検証も必要である。そして阿波自身の当時の日本の弓道界、さらに弓道史における位置も考える必要があろう。本書では可能な限り、訳注や解説で、これらのことを試みた。阿波が「弓禅一味」を言い出したのは、技を極めた後である。「一射絶命」「射裡見性」も、まさに無心の射を表現しているとも言える。弓道と禅を結びつけることは武士の時代にはなかったが、近代になって弓道の人間教育的な意味を明確にするために言い出されたことである。弓道が、的中を競うスポーツ以上の意味を持つとすれば、どうあるべきか、阿波や梅路見鸞《うめじけんらん》などが追求したことは、今日、弓道を修練することの意味を考えるにあたり、重要な手掛かりになるであろう。

現代は武道もグローバルになっている。その中で、改めて武道とは何かを考えていかなければならないが、ヘリゲルの『弓と禅』は、八十五年以上も前に現実にあった経験に基づきながら、比較思想的な視野も持って展開されたものであり、今日においても、見直し、考え直す価値が十分にあると思う。

私自身は、大学院時代に本書を読んで感銘を受けた。ヘリゲルが述べている経験に迫りたいと思い、国際武道大学に勤めると、仙台から教えに来られていた菊地慶孝範士九段の弓道の授業に出席して教えていただいた。また櫻井保之助著『阿波研造　大いなる射の道の教』もいただいて、阿波の遺稿に接し、初めてその実像が垣間《かいま》見えてきた。その後、阿波とも関係があった梅路を継いだ鷺野暁師範に弦《つる》を執って教えていただけるようになって、今も「弓禅一味」の指導が行われていることに驚くとともに、弓道の質が大きく変わった。鷺野師に導かれ、道を求める道場の面々にも支えられ、一九八九年、初めて澄んだ気で弓を引かされる経験をして「練気《れんき》」（この流派で五段相当）をいただいた。その後、稽古しなければたちまち退歩するこわさも知ったが、これらの縁とお蔭《かげ》に本当に感謝している。

この訳書の話をいただいたのは三年前だった。八年前に、ドイツに留学していた的場哲朗氏のお蔭でエアランゲン大学から講演の原本のコピーも入手出来たので、これも合わせて訳すことにした。原稿段階で、ドイツ語から訳した文章と内容が日本語として相応《ふさわ》しいか確かめ考えてくれた妻和子に、また原文と訳文を全文照合して確認してもらったソリドーワル・マーヤ氏に感謝したい。武道の研究のためにドイツから大学院に留学してきた氏に、数年後にこのような形でお世話になるとは思ってもみなかった。最終段階になって、『弓聖　阿波研造』の御著書を送って下さった池沢幹彦先生の案内で、東北大学史料館で「阿波範士言行録稿本」二巻の現物を見ることが叶《かな》い、石巻の阿波研造のお墓参りまで出来たことに、奇《く》しき縁を感じ、本当に有り難く感じている。

本書の編集担当の伊集院元郁氏には、最初に講演を聴かれた時から内容に強い関心を持ち、終始、熱くかつ平静に取り組んでいただいたことに感謝している。校正の方の丹念なチェックにも後押しされている感じがして嬉《うれ》しかった。

この訳書が、多くの方々の力の結集により、ヘリゲル没後六十年の年に何とか刊行できることに感謝したい。

二〇一五年十一月

魚住孝至

ビギナーズ 日本《にほん》の思想《しそう》

新訳《しんやく》 弓《ゆみ》と禅《ぜん》

付《ふ》・「武士道的《ぶしどうてき》な弓道《きゅうどう》」講演録《こうえんろく》

オイゲン・ヘリゲル　魚住孝至《うおずみたかし》＝訳・解説

平成27年 12月25日　初版発行
令和6年 5月15日　36版発行

発行者●山下直久

発行●株式会社KADOKAWA
〒102-8177　東京都千代田区富士見2-13-3
電話　0570-002-301（ナビダイヤル）

角川文庫 19519

印刷所●株式会社KADOKAWA
製本所●株式会社KADOKAWA

表紙画●和田三造

●お問い合わせ
https://www.kadokawa.co.jp/（「お問い合わせ」へお進みください）
※内容によっては、お答えできない場合があります。
※サポートは日本国内のみとさせていただきます。
※Japanese text only

ISBN978-4-04-400001-1　C0110

◆◇◇

角川文庫発刊に際して

角川源義

第二次世界大戦の敗北は、軍事力の敗北であった以上に、私たちの若い文化力の敗退であった。私たちの文化が戦争に対して如何に無力であり、単なるあだ花に過ぎなかったかを、私たちは身を以て体験し痛感した。西洋近代文化の摂取にとって、明治以後八十年の歳月は決して短かすぎたとは言えない。にもかかわらず、近代文化の伝統を確立し、自由な批判と柔軟な良識に富む文化層として自らを形成することに私たちは失敗して来た。そしてこれは、各層への文化の普及滲透を任務とする出版人の責任でもあった。

一九四五年以来、私たちは再び振出しに戻り、第一歩から踏み出すことを余儀なくされた。これは大きな不幸ではあるが、反面、これまでの混沌・未熟・歪曲の中にあった我が国の文化に秩序と確たる基礎を齎らすためには絶好の機会でもある。角川書店は、このような祖国の文化的危機にあたり、微力をも顧みず再建の礎石たるべき抱負と決意とをもって出発したが、ここに創立以来の念願を果すべく角川文庫を発刊する。これまで刊行されたあらゆる全集叢書文庫類の長所と短所とを検討し、古今東西の不朽の典籍を、良心的編集のもとに、廉価に、そして書架にふさわしい美本として、多くのひとびとに提供しようとする。しかし私たちは徒らに百科全書的な知識のジレッタントを作ることを目的とせず、あくまで祖国の文化に秩序と再建への道を示し、この文庫を角川書店の栄ある事業として、今後永久に継続発展せしめ、学芸と教養との殿堂として大成せんことを期したい。多くの読書子の愛情ある忠言と支持とによって、この希望と抱負とを完遂せしめられんことを願う。

一九四九年五月三日